英語の素朴な疑問から本質へ

文法を作る文法

開拓社
言語・文化選書
55

英語の素朴な疑問から本質へ

文法を作る文法

小野隆啓 著

開拓社

はしがき
──なぜからその奥に潜む原理──

　英語や日本語など，自然言語（natural language）の文法（grammar）は規則（rule）の集合であると言われます。英語では，文の主語が三人称，単数で時制が現在の時には動詞に -s または -es を付けるという，いわゆる「三単現の s」という規則があります。Yes か No で答える疑問文では，助動詞があればそれを主語の前に置くという，いわゆる主語・助動詞倒置（Subject-Auxiliary Inversion）という規則が使われます。否定文（negative sentence）になると，突然どこからともなく do という助動詞が出てきて，否定文を作ります。これらの文法規則以外にも，非常に多くの文法規則があります。

　これらの数多い文法規則は一体どこから来るのでしょうか？ 文法規則はいくつあるのでしょうか？ それらは誰が作ったものなのでしょうか？ 母語話者の子供は親に教えられもせずになぜそれらを知っているのでしょうか？ 疑問だらけです。単純な疑問から複雑な疑問まで，謎だらけです。

　言語の奥には，文法規則を作る文法が潜んでいるのでしょう。言語を LANGUAGE と呼ぶならば，その元になっている文法は metaLANGUAGE だと言えます。それならば文法そのものを作り出すものとして，metaLANGUAGE の奥には meta-meta-

LANGUAGE というものがあるのでしょう。

　Noam Chomsky の生成文法（Generative Grammar）では，数々の文法規則の奥には，文法規則を生み出す原理（principle）と変数（parameter）があると考えています。原理と変数の体系が人間言語（human language）の元になっている普遍文法（Universal Grammar）であるとしています。meta-metaLANGUAGE はこの普遍文法に当たるのです。

　言語に対する素朴な疑問は，究極的には普遍文法の原理や変数に通じるものです。三単現の s の規則や主語・助動詞倒置なども，Chomsky の言う原理や変数から生まれてくるものなのです。したがって，素朴で単純な疑問というものは言語研究にとってとても大きな意味を持つものです。本書では，meta-metaLANGUAGE への一歩を踏み出してみようと思います。

　説明というものは一気にその根元にまで到達することはできません。よく問われる疑問ですが，「空はなぜ青いの？」という単純で素朴な疑問に対して，「太陽の光は，たくさんの色が混ざってできており，地球の大気はこのうち青い光を散乱する性質をもっているため青く見えるのです」という説明がよくなされます。でも，ではなぜ地球の大気は青い光を散乱する性質を持っているのかと尋ねるとそれにはそれの説明が出てきて，その説明の中に別の疑問が出てきます。切りがなく疑問と説明が繰り返されるのです。

　言語の説明も同様です。ある文法現象に対して一つの説明がなされたとしても，その説明の中に新たな疑問が出てきて，その疑

問に対する説明の中にもまた疑問が出てきて，止め処なく疑問と説明が繰り返されていきます。本書は単純に素朴な疑問に対する説明に一歩を踏み出すものです。最終的な説明などではあり得ません。この第一歩の説明を面白いと思ってもらって，さらなる説明を求める世界に入ってきてくれることが本書を示す目的です。言語の神秘のドアの前に立ち，一歩踏み込んで下さい。

　本書を完成するに当たり，執筆の機会を与えて下さった開拓社編集部，そして川田賢氏に大いなる感謝の意を表します。

　本書を読んでいただき，言語の神秘の世界に一歩を踏み込んで下さる方々に。

May the force be with you.

Language, full of mysteries.

These are the voyages of our research program,

linguistics.

To explore strange new worlds of language,

To seek out new principles and new parameters.

To Boldly Go Where No One Has Gone

Before.

2015 年 7 月

小野　隆啓

目　次

はしがき
——なぜからその奥に潜む原理　*v*

第1章　主語と助動詞の倒置
——主語助動詞倒置現象 ……………………………………… *1*

1. 英語の yes-no 疑問文と倒置　*3*
2. 古英語や中英語における疑問文　*4*
3. 英語母語獲得過程における疑問文や他言語の場合　*6*
4. 間接疑問文　*8*
5. 仮定法における倒置　*10*
6. 類似の構文　*13*

第2章　文の境界を示す語
——補文標識の that, for, whether, if ……………………… *17*

1. 時制文を導く that　*19*
2. 二つの that 節　*21*
3. that の省略　*23*
4. 関係詞の that ？　*28*
5. 不定詞の主語をマークする for　*29*
6. 間接疑問文を導く whether と if　*33*
7. 非標準英語の補文標識　*34*

第3章　動詞の存在と意味のなぜ？
——動詞の意味役割と項構造 …… *37*

1. 動詞が表現する動作　*39*
2. 意味役割の種類と文型　*46*
3. 意味役割の具現化　*47*
4. ゼロ外項の動詞　*53*
5. 項の意味拡張　*57*

第4章　名詞句の移動現象——受動態のなぜ？
——移動の理由と格 …… *61*

1. 一つの動詞の異なる表現　*62*
2. 格という概念　*64*
3. 目的語が主語位置に移動する理由　*66*
4. 目的語が二つある場合の受動態　*67*
5. 複文から単文への書き換え　*70*
6. believe タイプの奇妙な文　*73*

第5章　句の内部構造
——主要部，補部，指定部 …… *75*

1. 文と語の中間　*76*
2. 主要部の右側——補部　*78*
3. 主要部の左側——指定部　*79*
4. 主要部・指定部・補部の省略　*82*
5. 付加部　*85*
6. 文も句の一つ　*87*

第6章　代用形の特徴
——接辞化という特質 …… *97*

1. 代名詞の音声的特徴　*98*

2. 代名詞の文法的特徴　*102*
3. 存在文の there の品詞・発音・意味　*105*
4. that の意味の there, this の意味の here　*107*
5. this の意味の that　*108*

第7章　見えないモノの存在
——痕跡と空所 ……………………………………………… *113*

1. 痕跡という存在　*114*
2. Be 縮約　*115*
3. Wanna 縮約　*117*
4. 動詞句削除　*120*
5. 空所化と疑似空所化　*121*
6. 寄生空所　*123*

第8章　自動詞の多階層分析
——4種類の自動詞 ………………………………………… *127*

1. 他動詞から自動詞へ　*128*
2. 他動詞用法を持たない自動詞　*131*
3. 4種類の自動詞と深層構造　*132*

第9章　時と様態 ……………………………………………… *137*

1. 過去時制　*139*
2. 現在時制？ 未来時制？　*142*
3. 進行形の構造　*146*
4. 進行形とその意味　*151*
5. 完了形の構造　*158*
6. 完了形の意味　*160*
7. 文法化という現象　*163*

第 10 章　語順の変化
　　　　　——話題化・左方転移・右方転移 ································ *165*

1. 話題化と左方転移　*166*
2. 話題化と左方転移の相違　*169*
3. 二種類の話題化　*171*
4. as-for 左方転移と話題話題化　*174*
5. 右方転移　*176*

あとがき ································ *179*

引用文献 ································ *181*

索　　引 ································ *183*

第 1 章

主語と助動詞の倒置
―主語助動詞倒置現象―

中学校の英語で，疑問文を作るときに主語と助動詞を倒置させることを学びました。その時，なぜ英語はこんなことをするのだろうかと疑問に思いました。その後，いろいろな文法を学ぶごとに新たな疑問が出てきました。古い英語や英語母語話者の言語獲得，非標準的な英語を知れば知るほど，奇妙な現象に遭遇し，多くの「なぜ」が出てきます。

1. 英語で疑問文を作るときに倒置が起こるのはなぜ？
2. 日本語では疑問文を作るときに倒置が起きないのはなぜ？
3. 助動詞の do とは何？
4. 昔の英語では疑問文をどのように作ったの？
5. 英語の母語話者の子供はなぜ Is you can do it? なんて文を作るの？
6. 他の言語では疑問文をどうやって作るの？
7. 間接疑問文で倒置は起きるの？
8. 英語の方言など非標準的な英語ではなぜ間接疑問文で倒置が起きるの？
9. 仮定法で Were it not for 〜 となることと疑問文は関係があるの？
10. 疑問文のように見える if 節があるのはなぜ？
11. Come Monday のような構文はなぜできるの？

12. How come? はなぜ Why? の意味になるの？
13. How come did you do it? とはなぜ言わないの？

これらの疑問はすべて，英語の文の文頭位置に，文の特徴を決める目に見えない要素があり，それが原因となっているのです。この章では，上にあげたような主語助動詞の倒置に関係する「なぜ」の理由に迫ってみましょう。

1. 英語の yes-no 疑問文と倒置

　Yes か No かの答えを求める疑問文を一般疑問文（general question）と言います。この疑問文は，You can do it. のような平叙文の主語 you と助動詞（auxiliary verb）can を倒置（inversion）させて Can you do it? のようにして作られます。このような倒置を主語助動詞倒置（Subject Auxiliary Inversion: SAI）と呼びます。この英語の倒置，あたりまえのように文法規則として教えられるわけですが，日本語の疑問文ではこのようなことは生じませんし，この倒置という操作そのものがとても奇妙です。いったいなぜこのような倒置が英語では生じるのでしょうか？

　この理由は日本語の疑問文形成を考えると明らかになります。日本語で平叙文を疑問文にする時は，文末に「か」という疑問文の印，マークをつけます。「昨日雨が降りました」という平叙文の文末に「か」をつけることで「昨日雨が降りましたか？」のような疑問文になります。日本語は動詞が文の最後に位置する言語

なので疑問文のマークである「か」を文末につけるわけです。

　英語では動詞が文の前のほうに出てきますから，疑問文のマークは日本語とは逆に文頭につけるのです。この疑問文のマークを Q(question) という形で表すことにします。すると疑問文の構造は次のようになります。S は文 (sentence) を表します。

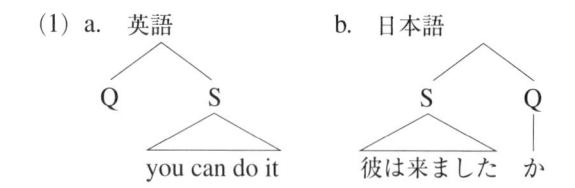

(1) a.　英語　　　　　　b.　日本語

```
    Q     S              S     Q
       you can do it   彼は来ました  か
```

日本語では Q が「か」という形態素 (morpheme) でマークされているのです。それに対して英語の場合，現代英語 (Present-day English: PE) では Q のところに助動詞が移動してきて Q をマークするのです。これが主語助動詞倒置のメカニズムです。S と Q の位置関係が異なるのと，Q をどのように表面に出すか，つまり英語では助動詞の移動を用いて表し，日本語では助詞を用いているだけで，基本的には同じ方法を用いているといえます。

2. 古英語や中英語における疑問文

　先ほど，「現代英語では」とことわったのは，450 年から 1100 年ぐらいまでの古英語 (Old English: OE) では，Q が whether に当たる単語で表されることがあったのです。以下は古英語の例です。(なじみのない古英語や英語以外の外国語の例文を用いる

場合，以下のように 3 行で示します。1 行目は原文そのもので，2 行目に丸括弧を用いて，原文の単語に相当する現代英語を各単語の真下に示します。そして 3 行目に' 'で現代英語訳を示します。)

(2) *Hwæðer* ge nu secan gold on treowum?
　　(whether you now seek gold in trees)
　　'Do you now seek gold in trees?'

(Traugott (1972: 73))

したがって，古英語時代の疑問文の作り方は，英語では文の前，日本語では文の後という違いはあっても，Q をマークするという点では同じ方式を使っていたということになります。

　もっとも，古英語や中英語 (Middle English: ME) においても，現代英語と同様に倒置を用いて疑問文を形成する方式もありました。

(3) a. Canst þu temian hig?
　　　 (know you tame them)
　　　 'Do you know how to tame them?'

(Ælfric's Colloquy 31/129)

　b. Gaf ye the chyld any thyng?
　　 (Gave you the child any thing)
　　 'Did you give the child any thing?'

(Towneley Plays 134/571)

ただし,現代英語と異なる点は,助動詞の do が用いられておらず,本動詞 (main verb) が倒置している点です。助動詞 do が疑問文で用いられるようになるのは 1400 年以降です。それまでは助動詞の do は平叙文には若干用いられますが,1400 年以前ではほとんど例がありません。

　助動詞 do の存在はきわめて珍しい現象で,そのような助動詞を持っている言語は他に例はほとんどありません。英語がその点ではきわめて奇妙な言語だということになります。

3. 英語母語獲得過程における疑問文や他言語の場合

　文頭に疑問文のマークをつけるという方式は,英語の子供の言語獲得 (language acquisition) の過程で興味深い事実があります。以下の英語は 3 歳ぐらいの英語母語話者の子供が発した例です。

(4) a. *Is* I can do that?
　　b. *Is* you should eat the apple?
　　c. *Is* Ben did go there?
　　d. *Is* the apple juice won't spill?

(Akmajian and Heny (1975: 17))

一見すると,とても奇妙な文で,大人の文法からすると間違った英語としか思えません。でも少し考えてみると,日本語で「か」が用いられるのと同じように,is が疑問文のマークとして用いられ文頭に現れているのだ,つまり文頭にある Q が is で表され

ているのだということなのです。

また，次のような例も英語母語話者の発話の中に出てきます。

(5) a. *Can* its wheels *can* spin?
  b. *Did* the kithen light *did* flash?
  c. *Is* the steam *is* hot?
  d. *Was* that *was* Anna?

(Radford (2004: 128))

(4) の例では単純に疑問文のマークとして文中の助動詞が何であっても関係なく is が用いられていますが，(5) では，それぞれの文で用いられている助動詞を文頭にコピーして疑問文を作っています。何かが移動するというのは，元位置にある要素を別の位置にコピーして，元位置の要素を消去するという操作だと考えられますから，(5) の事実は子供たちの言語獲得の途中の段階が反映されていると考えられます。

英語以外の他言語でも文頭に Q を表す場合がいくつも見られます。

(6) a. ラトビア語 (Latvian)

   Vai mate maja?
   (whether mother home?)
   'Is mother at home?'

b. エストニア語 (Estonian)

 Kas suitsetate?

 (whether you-smoke?)

 'Do you smoke?'

c. ペルシャ語 (Persian)

 Aya Ali ketab darad?

 (whether Ali bokks has?)

 'Does Ali have any books?'

(Radford (1988: 296))

このように，世界には疑問文のマーカーとして，文頭の位置に英語の whether に当たる語を置くことによって疑問文を作る言語は数多く存在するのです。

4. 間接疑問文

　ここまでの話で用いてきた，文頭の Q をマークするというメカニズムは，間接疑問文 (indirect question) の場合にも生じます。たとえば，know や wonder は I wonder *if/whether* Bill will come. のように，目的語に間接疑問文を取ります。下に示すように，(1a) の構造が wonder の目的語として現れています。

(7)
```
         V
       / | \
      /  Q  S
     /   |   \
 wonder  |   Bill will come
       ┌ if     ┐
       └ whether┘
```

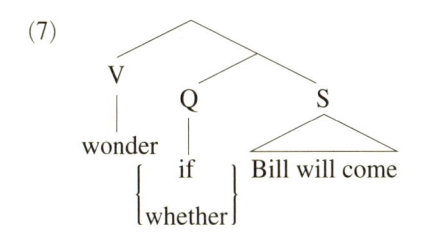

そうであれば，間接疑問文の中でも Q を if や whether でマークする代わりに，主語助動詞倒置が使えてもいいはずです。事実，I wonder *will Bill* come. という文も標準英語ではありませんが，方言や話し言葉，特定の社会階層の英語では存在します。以下の例は Belfast English（北アイルランド）と『ハリー・ポッターとアズカバンの囚人』(*Harry Potter and the Prisoner of Azkaban* (HPPA)) からの例です。

(8) a. I wonder did they go. (Henry (1995: 5))
  b. She asked had anybody called. (Ibid.)
  c. 'No, no, you misunderstand me,' said Professor Lupin, now smiling. 'I wonder, could you tell us what sort of clothes your grandmother usually wears?'

  (HPPA, p. 147)

  (「いや，いや，そういう意味じゃないんだよ」ルーピン先生が今度は微笑んでいた。「教えてくれないか。おばあさんはいつも，どんな服を着ていらっしゃるのかな？」) (松岡佑子訳『ハリー・ポッターとアズカバンの囚人』pp. 177-178)

  d. Harry climbed back down the ladder and the spiral

staircase, wondering ... had he just heard Professor Trelawney make a real prediction? 　　　(HPPA, p. 350)
（ハリーははしごを下り，らせん階段を下りながら考え込んだ ... トレローニー先生が本物の予言をするのを聞いてしまったのだろうか？）（松岡佑子訳『ハリー・ポッターとアズカバンの囚人』p. 420)

そしてさらに興味深いのは，間接疑問文中で主語助動詞倒置を許す Belfast English（Belfast は北アイルランドの首府）でも *John wondered *whether would* he get a degree. のように，主語助動詞倒置と if や whether を共起させることはできないのです。これは Q が if や whether でマークされれば，さらに主語助動詞倒置によって Q をマークしなくてもいいからです。

5. 仮定法における倒置

　ここまで話が進むと，if が関係し主語助動詞倒置が出てくる構文が別に思い浮かんでくるのではないでしょうか？　仮定法 (subjunctive) がその一つです。たとえば，*If* it were not for his help, we could not do it. のような仮定法条件文で if を省略する場合，*Were it* not for his help, we could not do it. のように主語助動詞倒置が使えることを習います。まるで疑問文であるかのような節が if 節と同じだというのは高校で習った際，とても奇妙に思えたものでした。

しかし，ここまでの話のように，主語助動詞倒置が生じるのは疑問文のマーク Q が現れたものだということを考えるとおもしろいことが出てきます。試しに，Were it で始まる仮定法の条件節を疑問文だと解釈してみてください。すると，「彼の助けはないのですか？ なら，それはできませんね。」となります。なんと，仮定法独特の表現だと思っていた if 節は疑問文と同様のものだと思えてくるのです。Were it not for his help? Then, we could not do it. ということです。実際の例を示しておきましょう。次の例は映画『ハリー・ポッターと謎のプリンス』(*Harry Potter and the Half-blood Prince*) からのものです。

(9) Shall I tell you to hide, you hide.　Shall I tell you to run, you run.　Shall I tell you to abandon me and save yourself, you must do so.　Your word, Harry?
(わしが隠れろと言ったら，隠れるのじゃぞ。逃げろと言ったら，逃げるのじゃぞ。わしをおいて自分を守れと言ったら，そうしなければならんぞ。約束できるかの，ハリー。)

さらに，小説など読んでいると，「この if 節は仮定法なのかどうか，ひょっとして疑問文なのではないか？」と迷うものが出てきます。次の例を見てください。

(10) a.　"I begin to see why they recommended you to me. You're a shrewd fellow, Mr. Poirot."　Poirot murmured:

"If you will now tell me the facts of the case. The dog disappeared, when?"

(A. Christie, 1947, *The Labours of Hercules*, p. 18)

(「みんながエルキュール・ポアロがいいと推薦する理由がわかってきたよ。公は食えない男だな」ポアロは返事をそらすようにつぶやいた。

「さて，そろそろ事件に関する事実を聞かせていただけますかな。犬がいなくなったのは，いつです？」)（田中一江訳『ヘラクレスの冒険』p. 32）

b. Hercule Poirot murmured:

"The position is, I perceive, a delicate one. It would be as well, perhaps, if I were to interview Madame your wife and gain further particulars from her whilst at the same time reassuring her as to the future safety of her dog?"

Sir Joseph nodded and rose to his feet. He said: "I'll take you along in the car right away."

(A. Christie, 1947, *The Labours of Hercules*, p. 19)

(「なるほど，わたしは微妙な立場にいる，というわけですか。ここはひとつ，奥さんにお目にかかって，さらに掘り下げて事情をお訊きすると同時に，今後ご愛犬の身の安全がおびやかされることはないと安心させておいたほうがよさそうですな」サー・ジョーゼフはうなずいて立ち上がった。「善は急げだ。車でご案内しよう」)（田中一江訳『ヘラクレスの冒険』

p. 35)

上の例で if から始まる文は仮定法というより，明らかに疑問文です。

同様の例は，次の会話にも見られます。

(11) A: Honey-buns, there's something I wanted to ask you.

B: What, sweetie-pie?

A: **If you will marry me.**

B (pretending not to hear): What d'you say, darlin'?

A: **Will you marry me?**

(Radford (2004: 123))

A は最初 If you will marry me. のように Q を if でマークした疑問文を使っています。これに対して B は意味が十分理解できているのに，つまりこの if 節が仮定法の条件節ではなく，疑問文であるということを十分理解していて，聞こえなかったふりをして What d'you say, darlin'? と聞き返しています。そして A は 2 回目には完全な主語助動詞倒置を用いた疑問文でたずね直しています。

6. 類似の構文

高校までの英語では出てきませんが，英語には次のような構文

があります。

(12) a. *Come Moday*, I'll bet it's sixteen and still sittin' there. (*Working Girl*)

(月曜日になっても，せいぜい16ドル止まりよ)

b. You can hardly find parking space around here, come summer. (*Genius* 4)

(夏になると，このあたりで駐車スペースを見つけるのはほとんど無理です)

上の Come Monday (「月曜日が来れば」) とか come summer (「夏が来れば」) とか，奇妙な構文です。意味は一種の仮定法，その上 come に三単現の s が付いていないのです。でもこれも今まで見てきた Q が主語助動詞倒置でマークされたものなのです。いずれも元は，If Monday come あるいは If Summer come のような仮定法の if 節なのです。仮定法の節であるため三単現の s が come についていないのです。[Q summer come] のような構造が元にあり，Q が if でマークされれば，If summer come になるし，Q が主語助動詞倒置でマークされれば，come が Q に移動して Come summer になるわけです。実際の例はインターネットなどで簡単に見つかります。

(13) a. Come Election Day, students will be ready: UA law students to help voters at the polls, where proper attire will be required.

b. What Do Polls Mean Come Election Day?

c. ONLY GOD CAN JUDGE ME, COME JUDGEMENT DAY.

d. Come a day I'll walk this earth
   Where steps are taken sure
   Come a day though it seem far away
   Lines that bind are pure

e. Come Canada Day, CN Tower will once again light up the night.

ただし，この場合は助動詞が Q に移動するのではありません。仮定法なので do が出てこないのです。そのため come という本動詞が Q に移動しています。

本来英語では本動詞は文頭に移動できません。（英語の祖先であるドイツ語では本動詞であっても文頭に移動できます。）本動詞の代わりにどこからともなく助動詞 do が現れて，普通はこの do が主語助動詞倒置の適用を受けます。しかし，この奇妙な do は古英語にはまったく例がなく，1100 年から 1500 年頃の ME になって一部の用法が出て来るだけなのです。come などの「意味の軽い」動詞は，少し古い現代英語でも主語助動詞倒置の適用を受けたという事実があります。Bertrand Russell は次のような文を用いています。

(14) "How *comes it* that human beings, whose contacts with the world are brief and personal and limited, are never-

theless able to know as much as they do?"

(Russell (1948: 5))

（人間は，世界との接触が短く，個人差があり，限られたものであるにもかかわらず，知るべきことをなぜ知ることができるのであろうか？）

come は主語助動詞倒置の適用を受けることのできる動詞だったのです。

ちなみに，上の Russell の文から考えると，why に当たる口語体の Home come? という表現も，How does it come that ...? からできたものであることがわかるのではないでしょうか？ そして，How come you talked to her? とは言えても，how come の後で倒置を用いて *How come did you talk to her? とは言えないことにも説明がつきます。つまり，How does it come that you talked to her? が元にあり，does it と that が省略された構文なので did you talk to her とはならないのです。how come の後は一種の that 節なので倒置が生じないのです。

第 2 章

文の境界を示す語
―補文標識の that, for, whether, if―

前章で，文にはその特徴を決めるマークがあり，そのマークが疑問 Q である場合を検討しました。そして一つ文が別の文の中に埋め込まれると，つまり間接疑問文になると，文境界を示すためにこのマークが現れることを見ました。このような文境界を示すマークは疑問文以外にも出てきます。

(1) a. I think [*that* Mary will come tomorrow].
    b. I prefer [*for* you to leave at once].
    c. I wonder [*whether/if* Mary will come here].

これらの語は接続詞だと思われていますが，二つの文を接続しているのではなく，[ ] で示された部分が全体の文の一部である，つまり埋め込み文（embedded sentence）であることを示すマークなのです。

　think という動詞は考える内容があって意味が成立します。prefer は望む内容があって意味が成立します。wonder という動詞は，疑問に思う内容があって意味が成立します。このように意味の成立に必要不可欠な部分を補部（complement）といいます。(1) では [ ] の部分がそれぞれ think, prefer, wonder の補部になっているのです。そして，この補部が文の場合を補文（complement sentence）と言います。

　そこで，that, for, whether のような語は補文の始まりを示しているので補文標識（complementizer）と呼ばれます。(1a) の

that は think の補文の始まりを，(2b) の for は不定詞で表されている補文の始まりを，そして (1c) の whether/if は間接疑問文の始まりを示しています。このような文の境界を示す語についても，いろいろななぜが浮かんできます。

1. 接続詞の that は指示代名詞の that と何か関係があるの？
2. 英語の that 節には 2 種類ある？
3. think のような that をとる動詞で，that が省略できる場合は？
4. that に対応する日本語は何？
5. 関係代名詞の that ってあるの？
6. 不定詞の to は何？
7. 不定詞の主語をマークする語はなぜ for なの？
8. whether と either は何か関係があるの？
9. that の代わりに as が非標準英語に見られるのはなぜ？

これらの疑問のなぜを考えながら，ここでは補文標識 that, for, whether, if の特徴を考察してみましょう。

1. 時制文を導く that

　文の先頭部分にはその文の特質を示す補文標識があることを上で見てきました。(1) ように一つの文が別の文に埋め込まれている場合には，補文標識の存在がはっきりと感じられます。そし

て，どのような補文標識がくるかによって，その後に続く文の特徴が決定されます。(1a) のように，that がくればそれに続く文は時制文（tensed sentence）でなければなりません。for が現れれば不定詞文（infinitival sentence）が後続します。つまり，補文標識とそれに後続する文の種類の間には一致（agreement）があるのです。

(2) a. *I think [*for* Mary *to* come tomorrow].
b. *I prefer [*for* you *will* leave at once].
c. I wonder [*whether* to meet Mary].
d. *I wonder [*if to* meet Mary].

whether は (1c) のように時制文が後続することも可能ですが，(2c) のように，主語を示さなければ不定詞が後続することも可能です。それに対して，if の場合は時制文だけが後続可能で，(2d) のように不定詞は不可能です。

　後続する文が時制文の場合は that が出てくるわけですが，この補文標識の that と「あの」を意味する指示代名詞 that とは何か関係があるのでしょうか？　一般的には yes だとされています。We say that the earth is round. という文は，次のような並列構造（parataxis）から従属構造（hypotaxis）になったと言われています。

(3)
```
        S                                    S
       / \                                  / \
      S   S                    →     we say that  S
     /|   |\                                     /|\
We say that  the earth is round            the earth is round
```

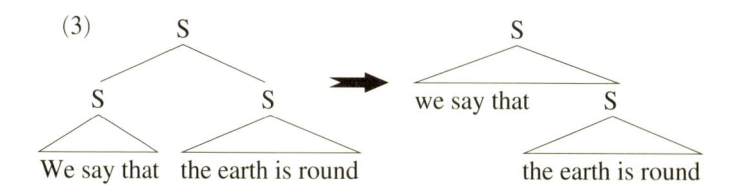

we say that と the earth is round は両者とも独立した文で, that は the earth is round という文を受ける指示代名詞として作用していると考えるわけです。ここから that の役割が指示代名詞から補文標識へと変化し, それに伴い並列構造から say の補部になり, 従属構造になったと考えられています。

2. 二つの that 節

補文標識 that が時制文を導くことは, 今まで見てきました。では, that 節は皆, 同じなのでしょうか？ 次の二つの文の that 節を考えてみましょう。

(4) a.　John knows that Mary is sick.
　　b.　John thinks that Mary is sick.

(4a) の know に続く that 節は, Mary が病気だという「事実 (fact)」を表しています。これに対して (4b) の think に続く that 節は, 単に Mary が病気だと John が思っているだけで, 本当に Mary が病気なのかどうかはわかりません。つまり, 事実を述べているのではありません。したがって, この二つの that

節は形の上では同じものに見えますが，別の種類の that 節だということになります。前者の that 節は事実を表しているので叙実節（factive clause）と言い，後者を非叙実節（non-factive clause）と言います。

英語では，表面上はこの区別ができませんが，日本語ははっきりとこの区別をします。(4) を日本語に訳してみると次のようになります。

(5) a. John は Mary が病気だ {ということを／*と} 知っています。
    b. John は Mary が病気だ {*ということを／と} 思っています。

「知っている」の場合，「と」で節を作ることはできません。「ということ」のように事実を意味する「こと」を入れなければならないのです。「思う」の場合は，事実ではないので，「こと」を入れることはできないのです。英語では叙実節と非叙実節を区別することができませんが，日本語ではそれが可能なのです。この点では日本語の方が英語より表現力が豊かだと言えるでしょう。

よく「Mary は病気じゃないと思います」のような日本語を英作文するとき，否定辞 not を that 節の中に置くのではなく，主節のほうに置くのが英語らしい表現だと習います。

(6) a. I think that Mary is not sick.

b. I don't think that Mary is sick.

(6a) の that 節内にある否定辞 not を主節動詞の位置に移動させる操作が英語にはあるといわれます。この操作を否定辞上昇 (Neg-raising) と言います。確かにそれはそうなのですが，この操作が可能なのは非叙実節の場合のみであり，叙実節で適用することはできません。

(7) a. John regrets that he did not meet Mary.

b. John does not regret that he met Mary.

否定辞上昇が適用できないというか，適用すると意味が変わってしまいます。(7a) では Mary に会わなかったことを後悔しているのに対し，(7b) では後悔そのものをしていないのですから，意味はまったく異なります。

3. that の省略

英語では，補文標識 that が省略可能です。これは英語の特徴であり，ロマンス系言語のフランス語やイタリア語などでは省略することができません。同じゲルマン系言語のドイツ語でも省略はできません。(以下の例文中の ϕ は省略を意味します。)

(8) a. I think that Mary is happy.
b. I think ϕ Mary is happy.

(9) ドイツ語（German）
   a. Ich weiß, dass John krank ist.
      （I know that John sick is）
      'I know that John is sick.'
   b. *Ich weiß, ϕ John krank ist.

(10) フランス語（French）
   a. Je sais qu'elle est malade.
      （I know that she is sick）
   b. *Je sais ϕ elle est malade.

日本語でも標準語では補文標識「と」は，基本的に省略できません。ただし，関西方面の方言において，口語では「今日来るゆうたやん」に見られるように補文標識に当たる要素「て」は省略可能です。

(11) 標準日本語
   a. 今日来ると言ったじゃないか。
   b. *今日来るϕ言ったじゃないか。

(12) 関西方言
   a. 今日来るてゆうたやん。
   b. 今日来るϕゆうたやん。

英語の非叙実節の補文標識 that は省略できますが，構造によっては省略できない場合がいくつかあります。まず，that 節の前に副詞や前置詞句などの副詞的要素がある場合です。

(13) that 節の前に主節の要素が現れている場合

 a. It seemed *at that time* [that David had left].

 b. *It seemed *at that time* [φ　David had left].

at that time は主節の動詞 seemed にかかる副詞的要素です。その後ろに that 節が現れた場合，that を省略するとその要素が主節の動詞にかかっているのか，従属節の動詞にかかっているのか判断できなくなるからです。

　英語には疑似分裂文（Pseudo-cleft）という構文があります。たとえば，John broke Mary's computer. という文を What John broke is Mary's computer. のように，what に導かれる前提（presupposition）を主語とし，焦点（focus）を be 動詞でつなぐ構文です。believe という that 節を取る動詞を用いて The students believe that they will pass the exam. という文を疑似分裂文にしたものが (14) です。

(14) 疑似分裂文の場合

 a. What the students believe is [that they will pass the exam].

 b. *What the students believe is [φ they will pass the exam].

この場合，(14b) が示すように that を省略することはできません。

　that 節を取ることが可能な二つの動詞が同一の that 節をとる

場合，右枝節点上昇 (Right Node Raising) という構文を取ります。たとえば，(15) のような場合です。

(15) a. They suspected [that Peter would visit the hospital].
   b. We believed [that Peter would visit the hospital].
   c.

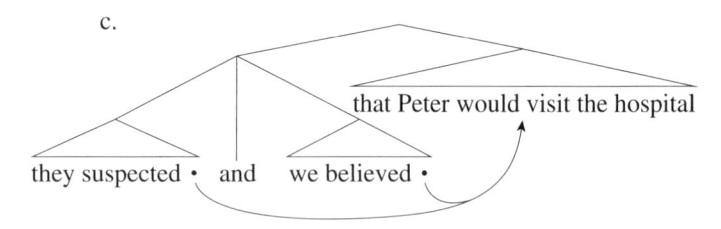

```
                              that Peter would visit the hospital
   they suspected ・ and  we believed ・
```

二つの文 (15a) と (15b) の共通部分である that 節 that Peter would visit the hospital は，それぞれの動詞の目的語の位置から右方向に移動され，同じ that 節であるため束ねられ一つになり，主節の文は (15c) のように等位接続された要素に結合されます。このような構文の右に移動された that 節の補文標識は省略できません。

(16) 二つ (以上の) 主節が等位接続されている場合
   a. They suspected and we believed [that Peter would visit the hospital].
   b. *They suspected and we believed [ϕ Peter would visit the hospital].

空所化 (Gapping) が適用されている場合にも that 節の補文標識 that は省略できません。空所化とは，John ate meat, and

Mary ate fish. のように，同一の文型で同一の動詞を持つ二つの文を等位接続した構造において，共通部分である動詞を省略し，John ate meat, and Mary φ fish. のようにした構文のことです。この空所化が believe のような that 節をとる動詞に適用された場合，that を省略することはできません。

(17) 空所化が適用されている場合
   a. Mary believed [that Peter finished school] and Bill φ [that Peter got a job].
   b. *Mary believed [that Peter finished school] and Bill φ [φ Peter got a job].

(17b) では，後半の文の that 節の補文標識が省略されていて，非文法的になっています。

英語には，目的語を文頭の位置に移動する話題化（Topicalization）と呼ばれる構文があります（話題化については第 10 章で扱います）。たとえば，John met Susan. を Susan, John met. のようにする構文です。この話題化を believe のような that 節を取る構文に適用したものが (18) です。

(18) 文頭に移動された場合
   a. [That John likes Mary] Jane didn't believe.
   b. *[φ John likes Mary] Jane didn't believe.

that 節 that John likes Mary はもともと believe の目的語の位置にあったものです。このようにして前置された that 節の補文標

識を省略することはできません。(18b) が示すとおりです。

4. 関係詞の that?

　関係代名詞 (relative pronoun) の一つに that があると中学・高校では習いますが，以下の古英語や中英語の例からわかるように補文標識の that なのです。

(19) a.　rod　on þære　þe　Crist　wolde þrowian
　　　　　(cross on which that Christ would suffer)
　　b.　This Carpenter had wedded newe a wyf
　　　　Which that he lovede more than his lyf;

þ は thorn と呼ばれる古英語の時代に用いられていた文字で，/θ/ や /ð/ など th のスペルを表したルーン文字です。(19a) の古英語の例では関係代名詞 on þære と補文標識 þe (=that) の両方が現れています。(19b) の中英語の例でも which と that の両方が同時に現れています。

　したがって，現代英語でも関係代名詞節は (20) のような構造から形成されると考えられます。

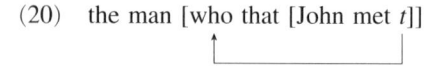

(20)　 the man [who that [John met *t*]]

(20) において，who が省略されれば the man that John met が，that が省略されれば the man who John met が，そして両方が

省略されれば the man John met が生成されるわけです。

5. 不定詞の主語をマークする for

補文が時制文の場合は that が現れますが不定詞の場合は for を用います。不定詞の主語をマークする for は前置詞だと言われていますが、そうではありません。前置詞でない証拠はたくさんあります。たとえば前置詞の for は right, just, only などで John headed *right for* the pub. のように修飾できますが、補文標識の場合は *It is important *right for* you to leave at once. のように修飾できません。また、前置詞の for はその目的語と一緒に移動できますが、補文標識の場合はできません。

(21) a. John bought it for Mary.
　　 b. For Mary, John bought it.
　　 c. John is eager for Bill to do it.
　　 d. *For Bill, John is eager to do it.

主語をマークする for と前置詞の for では、出現する構造が異なります。

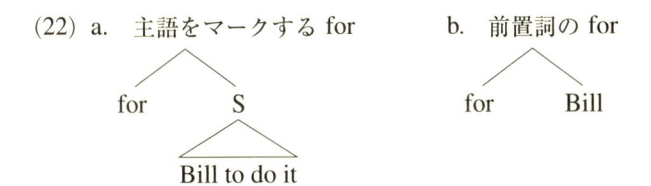

(22) a.　主語をマークする for　　　b.　前置詞の for

```
   for     S                for     Bill
         /  \
       Bill to do it
```

(22a) では for と Bill が一つのまとまりをなしていません。それに対して (22b) では for と Bill は一つのまとまりを構造的に成しています。一つのまとまりを成していることを構成素 (constituent) を成すと言います。移動できる単位は構成素単位だという原則があるので，(22a) の for Bill は構成素を成していないので移動できませんが，(22b) の for Bill は一つの構成素を成しているので移動することができます。

(23a) の文は，見た目には (21c) の場合と同じように見えますが，(23b) のように for Bill が前置可能です。移動が可能であるということは for と Bill が一つの構成素を成しているということで (22b) のような構造をしているということになり，この場合の for は前置詞だということになります。

(23) a.　John is easy for Bill to please.
　　 b.　For Bill, John is easy to please.

構造のことはわかりましたが，それにしても補文標識がなぜ前置詞の for と同じなのでしょうか？ 前置詞は，ほかにもいくつかあるのに，なぜ前置詞の for が補文標識になったのでしょうか？ これは単なる偶然ではないのです。補文標識の for はもともと前置詞の for だったのです。不定詞の to も前置詞の to と関係があります。歴史的に見るとどちらもかつては前置詞でした。前置詞の後には名詞がくるので, to の後にも，現代英語では原形動詞ですが，昔は名詞がきました。したがって, I want to leave. はもともとは, to が前置詞で leave は名詞でした。want

という動詞は願望動詞（desire verb）で，願望の対象が方向を示す前置詞 to で示され，to leave という前置詞句で表されていたのです。なので「私は去ることに向かって欲している」というような意味でした。ここから leave が名詞であることが曖昧になり，原形動詞を導く不定詞の to になったのです。for ももともとは方向を表す前置詞でした。to そのものが方向を表す前置詞だったのに，その意味が失われていったため，あらためて方向を示す前置詞が必要だと感じられ，前置詞 for が選ばれ挿入されたのです。(第9章でも取り扱います。) (21c) の eager という形容詞は，願望を表す形容詞です。したがって，want と同様にその補部に for でマークされる補文が現れることができるのです。

不定詞の主語をマークする for がすべての不定詞に用いられるわけではありません。願望を表す動詞と形容詞の補部としてと，不定詞が修飾語として働いている場合のみです。

(24) a. Bill longs/prefers/hopes [for Mary to come back].
b. *Bill tried/decided [for Mary to do it].
c. *Bill believes/expects/considers [for Mary to be alive].
d. This is the book [for you to read].
e. It is important [for you to leave at once].
f. She stood in order [for her husband to see her].

(24a, b, c) が示すように，願望を示す動詞，願望動詞には for をとる動詞が多いようで，それ以外の動詞は for 補文標識を取り

ません。(24d) のような不定詞の形容詞的用法は，名詞を修飾する関係節です。(24e) では下線部が仮主語の構文における後置された主語で，補部ではないので for が現れることができます。(24f) は目的を表す不定詞です。

　不定詞の主語をマークする for がもともとは前置詞だったということでしたので，中英語などでは，次のように for to という表現が散見されます。次の中英語は Geoffrey Chaucer の *The Canterbury Tales* の一部です。

(25)　Thanne longen folk　 to goon on pilgrimages
　　　(then　　want　people to go　 on pilgrimages)
　　　 And palmeres for to seken straunge strondes,
　　　(and palmers for to seek　strange　strands)

　　　　　　　(G. Chaucer, General Prologue, *The Canterbury Tales*)

(25) の 1 行目では，folk (= people) が主語で thanne (= then) が文頭に来て倒置が起こっています。動詞は long (= want) で，その目的語に不定詞の to goon (= to go) がきています。この構文と同じ構文が And で始まる 2 行目に使われているため，動詞 longen は主語の palmeres (= parmers) と for の間で省略されています。したがって，longen for to seken となっており，for to seken が longen の目的語になっているのです。

　また，現代英語でも非標準的な英語では for が不定詞 to の前に現れるものがあります。以前出てきた Belfast English がそのような方言の一つです。以下のような言い方が可能なようです。

(26) a. I want for to meet them.
　　 b. It is difficult for to see that.

ほかにも Ottawa Valley English とかアーカンソー州北部からミズーリ州南部の Ozark English で見られるようです。

6. 間接疑問文を導く whether と if

間接疑問文を導く際には whether や if が補文標識として用いられます。

(27)　Do you know whether/if Bill would marry Jane?

上の文では whether と if の両方が可能ですが，両者は統語的振る舞いも意味も異なります。whether という単語は，either A or not A，つまり「A なのか，A でないのか」のように，選択の意味があるわけです。この either A or not A 全体が不明なので，選択の either に疑問詞の特徴として wh- を付加して作られているのが whether なのです。

(28)　wh- + either → whether

したがって，whether は A or not A の「選択」という意味を持っているのです。

これに対して if は条件節の「もし～の場合」の意味を持っていますから，選択という意味はなく，どちらかといえば「if 以下で

指定されている状況では」のように一方に片寄った意味を持っているのです。そのため，下の文で if ならいいのですが，whether を用いると奇妙な文になってしまいます。

(29) I asked Joan *whether/if she would marry me, but she refused.

普通，結婚を申し込むときというのは，結婚してくれるように一方向的に申し出る場合なので，whether は用いられず，if でないとおかしくなります。

7. 非標準英語の補文標識

方言などの非標準的な英語の用法には，語の本来の意味を反映した使用例が出てくることがあります。たとえば，次の例は『ハリー・ポッターと賢者の石』(*Harry Potter and the Philosopher's Stone*, p. 58) からのものです。

(30) 'Sorry?' barked Hagrid, turning to stare at the Dursleys, who shrank back into the shadows.
'It's them as should be sorry!
(「ごめんなさいだと？」ハグリッドは吠えるような大声を出すと，ダーズリーたちをにらみつけた。ダーズリー親子は薄暗いところで，小さくなっていた。
「ごめんなさいはこいつらのセリフだ ...」)

(松岡佑子訳『ハリー・ポッターと賢者の石』p. 76)

It's them as should be sorry! の部分は,標準英語では It's them that should be sorry! のように,that になっているべきものです。

J. K. Rowling と同じくイギリスの作家である Agatha Christie の小説の中にも次のような例が用いられています。

(31) a. This thing's as plain as daylight. It's my opinion <u>as</u> the girl and her father were out to—well—practically blackmail him.

(Agatha Christie, *Death by Drowning*, p. 53)

(事件は明々白々ですよ。私の意見では,その娘と父親とは計画して——その——じっさいに,彼を脅迫しようとしていたのですな。)(井上宗次・石田英二訳『クリスティ短編集(二)』p. 34)

b. "I think <u>as</u> there were two men with a wheelbarrow on the river path; but they were some way away and I couldn't tell if they were going or coming and Mr. Giles's place was nearest—so I ran there."

(Ibid., p. 55)

(「川沿いの小径を,手押し車を押して,二人の人が居たと思います。けれど,ちょっと遠かったし,それにあっちへ行くのか,こっちへ来ているのかも分からなかったんです。そして,ジャイルズさんのとこがいちばん近かったんで——それで,ぼくはそこへ走りました」)(井上宗次・石田英二訳『ク

リスティ短編集（二）』p. 36）

この as の用法は Oxford English Dictionary (OED) によると次のように言及されていて，イギリス南部方言に見られるとされています。

(32) Introducing a noun sentence, after *say*, *know*, *think*, etc. Sometimes expanded into *as that*. *Obs*. and replaced by *that*; but still common in southern dialect speech, where often expanded to *as how*.

しかし，Hernández, Kolbe and Schulz (2011) による FRED (The Freiburg Corpus of English Dialects) を用いたコーパス研究ではイギリス南西部よりイギリス中部に多く観察されることが示されています。

　不定詞の主語をマークする補文標識 for のところで，for 以外の前置詞が補文標識になってもいいはずなのに for が選ばれた理由を考察しました。それと同様に，非標準的英語において時制文の補文標識 that の代わりになぜ as が用いられるのかにも理由がありました。代名詞 that が補文標識になったところでも述べたように，もともとは，二つの文が並列構造だったものから従属構造になりました。つまり，二つの文が並列的に結合され，それら二つの文が同時に生じるところに，従属接続詞 as の起源があるのです。

第 3 章

動詞の存在と意味のなぜ？
―動詞の意味役割と項構造―

世界には 6000 から 7000 の言語があると言われていますが、そのすべての言語に共通して存在するものが動詞です。そして動詞によって文の構文が決まってきて、文型という考え方にもつながっているわけです。動詞はなぜ存在し、その意味はどのようなものなのでしょうか？ このような動詞に関係することで多くのなぜがありますが、そのいくつか、次のようななぜに答えながら進めていきましょう。

1. 文型というものがあるのはなぜ？
2. put は第 3 文型？
3. see と look はどう違う？
4. hear と listen はどう違う？
5. see や hear が進行形にできないのはなぜ？
6. 二重目的語構文と与格構文は同じ意味？
7. 英語に二重目的語構文と与格構文の二つがあるのはなぜ？
8. go の後になぜ形容詞が来れるの？
9. go＋動詞の ing 形での前置詞は？
10. go と visit って同じ意味？
11. stay の後になぜ形容詞が来れるの？
12. methinks って何？
13. 非人称構文って何？

14. strike や hit の奇妙な使い方？

1. 動詞が表現する動作

　動詞はその意味が成立するため最小限必要な意味役割（semantic role; thematic role）というものを持っています。たとえば、動詞 put を用いた文では、put という行為をする人、put という行為の対象となる物、そしてそれが置かれる場所という、全部で三つの要素が必要です。そのいずれが欠けても文として成立しません。

(1) a.　John always puts the key in the drawer.
　　b.　*Always puts the key in the drawer.
　　c.　*John always puts in the drawer.
　　d.　*John always puts the key.

put という行為をする人を Agent（行為者）と呼びます。(1b) が非文法的なのは Agent がないからです。put という行為の対象となる物は、その物を持っている人から物体が移動するので Theme（移動物）といい、これが欠如している（1c）も非文法的です。そして、その物体が最終的に置かれる Location（場所）が欠如している（1d）も非文法的です。put には Location が絶対必要なので、put を第3文型（SVO）をとる動詞だとするのは間違っています。

　このように、動詞の意味を成立させる意味役割の集合を項構造

（argument structure）と言い，put のような動詞の場合，次のように表記します。

(2)　put: (Agent, Theme, Location)

項には，主語位置に現れる外項（external argument）と，目的語や修飾語のように動詞の右側に現れる内項（internal argument）があります。

　項の数や内項，外項の区別をすることで動詞の意味や用法が明確になります。よく似た動詞の相違点にも気づくことができます。たとえば，listen と hear, look と see は次のような異なる項構造を持っています。

(3)　a.　listen/look: (Agent, Percept)
　　 b.　hear/see:　 (Experiencer, Percept)

これらの動詞はいずれも目的語に Percept（知覚対象物）をとることでは共通していますが，主語になる名詞句（Noun Phrase: NP）の意味役割が異なります。listen/look では主語が Agent であるため，この行為は意図的に行われるものです。そのため，命令文にも進行形にもできます。

(4)　a.　Look at me.
　　 b.　I am listening to you.

しかし，hear/see の主語は，意図的な行動をする Agent ではなく，動詞の表す行為を経験する人なので，Experiencer（経験者）

なのです。単に経験しているだけですから、以下に示すように命令文にも進行形にもできません。

(5) a. *See John!
    b. *I am hearing a strange sound.

learn と know においても同様のことが言えます。learn は意図的な行動ですので、命令文にも進行形にもできますが、know は「知っている状態」を表す動詞なので、その主語は Experiencer です。

(6) learn: (Agent, Theme)
    a. John is learning French.
    b. Learn from me.
(7) know: (Experiencer, Theme)
    a. John knows French.
    b. *John is knowing French.
    c. *Know how to do it.

また、同じ動詞でも項構造が変わると構文も変わります。たとえば、send は次の二つの項構造を持っています。

(8) a. send^1: (Agent, Theme, Goal)
    b. send^2: (Agent, Theme, Recipient)

send^1 は John sent the book to Mary. のように前置詞 to を用いた与格構文 (Dative Construction: DC) で表現され、send^2 は

John sent Mary the book. のように二重目的語構文（Double Object Construction: DOC）で表現されます。意味は前者の場合，Theme である the book が Goal（到着点）である Mary に送られただけなのに対して，後者は Mary が Recipient（受領者）なので，送られた物が Mary に届いたという意味を持ちます。同じ動詞を用いても，構文が異なると意味も異なるわけです。

　二重目的語構文の二つの目的語は単純に二つ並んでいるだけではなく，次のような構造をしていると言われています。

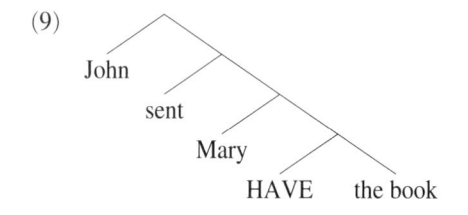

(9)
```
       John
         sent
           Mary
             HAVE   the book
```

Mary と the book の間には目に見えない動詞のような要素 HAVE があるため，Mary HAVE the book のようにまるで文のような構造となり，Mary に the book が届いたという意味が出るというのです。したがって，John taught Mary French. のような文では Mary がフランス語をものにしたという意味が含まれ，John taught French to Mary. では，単に John が Mary にフランス語を教えただけで，Mary がフランス語をものにしたという意味は含まれていません。

　このような二重目的語構文と与格構文の意味の差が出てきたのには英語の歴史が関係しています。もともと英語は，4 世紀から

5世紀にかけて起こったゲルマン民族の大移動によりブリテン島にもたらされたドイツ語が元になっている言語です。ドイツ語で give に当たる geben や schenken（送る）などは二重目的語構文のみで与格構文は取れないのです。ですから，本来英語に与格構文はないはずなのです。ところが1066年にノルマンの征服が起こり，その後300年間に英語はフランス語の影響を強く受けることになりました。フランス語には与格構文だけで二重目的語がありません。この時代に与格構文が英語に入ってきて，二つの構文が共存するようになったのです。

　二重目的語構文がドイツ語起源で与格構文がフランス語起源であるということは，フランス語起源の動詞には二重目的語構文がないということを意味します。事実，suggest, complain などフランス語起源の多くの動詞は，意味的に二重目的語構文を取れそうでも，実際には不可能です。

　give や send の場合は与格構文にすると前置詞は to になりますが，動詞により二重目的語構文を前置詞を用いた構文に変えた場合，いくつかの前置詞になる場合があります。

(10) a. John bought Mary the book.
　　 b. John bought the book *for* Mary.
(11) a. John played Mary three games of chess.
　　 b. John played three games of chess *with* me.
(12) a. You lost me my servant.
　　 b. You lost my servant *from* me.

(12a) は映画『ハリー・ポッターと秘密の部屋』(*Harry Potter and the Chamber of Secrets*) の最後のほうに出てくる台詞です。lose が from で二重目的語構文になるのかと思われるでしょうが，It took me one hour to do the job. の場合と同様で，me は from me の意味です。

send と同じように，break も二つの項構造を持つ動詞です。

(13) a. break^1: (Agent, Patient):　　John broke the glass.
　　 b. break^2: (Patient, Location):　John$_i$ broke his$_i$ leg in the accident.

一般的な break の用法は (13a) で表されている項構造のものです。つまり，John は意図的にガラスを割ったので Agent です。壊された物は被害を受ける物なので Patient (被害者) です。

一方，(13b) の break は少し意味が異なります。例文中に John$_i$ とか his$_i$ leg のように，下付文字が示されているのは指標 (index) といって，John と his に同じ指標が付いているので両者が同一人物だということを意味します。これを同一指示 (coreference) といいます。(13b) の例文の意味は，「ジョンはその事故で足を骨折した」という意味です。この場合，事故で自分の足を骨折したのですから，John は Agent ではなく Patient になります。そして，his leg は自分の足ですから，足という「部位」を骨折したことになり，Location ということになります。

このように意味役割というものを基礎に動詞の意味を考えてみると，動詞とは，われわれの世界に生じる事象 (event) を表現

したものであると捉えることができます。事象は，それを感知する視点によって見え方が変わってきます。この視点というものも動詞の意味を考える上で多くのことを語ってくれるものです。

ある物体（object: O）が A 点から B 点に移動するという事象があるとしましょう。

(14)　A　　　　　　　　B
　　　・‥‥‥‥ O ‥‥‥▶ ・

この事象は，O が移動しているので，移動物の意味役割を持ちます。A 点は物体 O の出発点ですから Source（源泉）になり，B 点は到着する場所，到着点ですから Goal になります。

この事象を A 点に視点を置いて表すといくつかの動詞の意味的な関係が見えてきます。

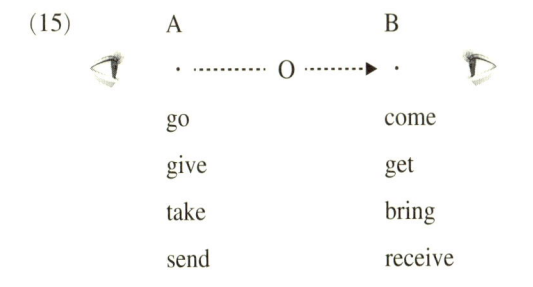

(15)　　　　　A　　　　　　　　B
　　　　　・‥‥‥‥ O ‥‥‥▶ ・
　　　　　go　　　　　　　come
　　　　　give　　　　　　get
　　　　　take　　　　　　bring
　　　　　send　　　　　　receive

(15) は物体 O が A 点を離れて B 点に移動する事象を表しています。視点を A に置いてこの事象を見れば，英語では go で表すわけです。同じ事象を B 点に視点を置いて見れば come になるわけです。これによって go, give, take, send と come, get,

bring, receive の基本的意味も同一のものと考えることができます。

2. 意味役割の種類と文型

　動詞の意味は意味役割の集合である項構造から決まることを見てきました。動詞の種類は文型（sentence pattern）に通じます。文型という考え方は初学者には役立ちますが，進めていくと多くの矛盾点や不十分さに気づき，根本的なものではないことを認識します。

　たとえば，すでに見た John put the book on the desk. がいい例です。この文は「主語 John，目的語 the book があり，on the desk は副詞的要素なので文型からは外す。その結果，put は SVO の第三文型だ」ということになってしまいます。でも，on the desk を省いた *John put the book. は非文法的です。日本人は，日本語が文脈による省略がきわめて自由な言語であるため，わかれば省略してよいと思いがちです。そこが根本的な間違いで，文脈から省略可能なものもありますが，日本人が思う以上に英語の省略には制約があり，日本語の感覚で省略をすることは英語の特徴を無視した行為です。

　動詞は動作を表すものです。動作が生じるには時間（Time）と場所（Place）が必要です。したがって，これらは項構造に明示する必要がありません。次の文を考えてみます。

(16) [[John put the book on the desk] in the room
　　　Agent　　　Theme　　　Location　　Place
yesterday].
Time

　この文は動詞 put を用いています。put は置かれるものと置かれる場所が必要でした。ですので，この文の [ ] で囲まれた部分が項構造が指定する意味範囲です。この動作が行われる場所と時間は項構造のカバーする範囲の外にあるわけです。この意味で on the desk と in the room はどちらも場所を表しているようですが，異なる種類の要素なのです。

3. 意味役割の具現化

　意味役割は今までの話の中では，John sent an invitation to Mary. の場合，Agent は John, Theme は an invitation, Goal は to Mary のように，名詞句，あるいは前置詞句（Prepositional Phrase: PP）として出てきました。この意味役割の具現化（realization）は何も常に名詞句 NP や前置詞句 PP として表されるというわけではありません。John put the book *down*. の場合，Location は down という副詞として具現化されています。

　このように形の上での具現化も生じますが，物理的現象が抽象的現象へと意味拡張され，異なる具現化を見せることがあります。たとえば，「見る」という動詞は，現実の物理的現象として，

映像が移動してきて，それを人が経験するということです。この物理的な現象が意味拡張により抽象化されると，物理的に見えることが抽象的には「理解される」という意味に拡張されます。

(17) a. see: (Experiencer, Theme$_{Concrete}$)
    We saw a very tall girl.「見る」
    ↓
  b. see: (Experiencer, Theme$_{Abstract}$)
    I see what you mean.「わかる，理解する」

(17a) では a very tall girl の映像が移動してきて，それを主語 we が経験するわけです。(17b) では，what you mean という抽象的な概念が移動してきて，それを主語 I が経験するわけです。その結果，「わかる，理解する」という抽象的な意味に拡張されるわけです。

他の例として，go という動詞はどのような項構造を持ち，その意味役割はどのような形態で具現化するのか考えてみましょう。go の項構造は (18a) のようなものです。

(18) a. go: (Theme, Goal)
  b. John went to Tokyo. (PP)

(18b) で主語の John は，Tokyo という到着点 Goal に移動した移動物ですので Theme です。I went to Tokyo. のように主語を I にすると，意図的な行為と思われやすいので Agent であるような気がしますが，あくまでも移動物 Theme です。

では，go の Goal はどのように具現化するでしょうか？ go には (18b) のように前置詞句として典型的に具現化した構文以外に，次のような具現化があります。

(19) a. John went mad. (AP)
   b. John went shopping at the department store. (VP)

(19a) では，移動物の John が mad という「心理的な場所」に移動したので意味役割 Goal が形容詞句（Adjective Phrase: AP）として具現化しています。(19b) では「そのデパートで買い物をしている状態」という心理的な場所に移動しているので，動詞句（Verb Phrase: VP）として具現化しています。状態を表さなければならないので，その状態が進行している，つまり -ing 形を用いて動詞句として具現化しているのです。不定詞で表現してしまうと，状態ではないので，to shop at the department store が次に起こる出来事になってしまいます。

日本語で「ジョンはそのデパートに買い物に行った」という文を英語になおすとき，*John went shopping to the department store. と誤ったなおし方をすることが多いようです。(18) で見たように，動詞 go の後には Goal が一つだけがくるはずです。この文では shopping も Goal, to the department store も Goal というように，Goal が二つも出てきています。これでは，go の意味とは異なることになり，非文法的だということになります。

この場合の前置詞の選択としては，shop という動詞に関連する前置詞は「どこで買い物をするか」が問題ですから，to ではな

く at です。したがって，at と正しく表現することができるはずです。日本語に対応させたいなら John went to the department store for shopping. です。これだと go の Goal は to the department store という前置詞句で具現化されているので正しいということとになります。

go の意味役割 Goal が前置詞句（18b），形容詞句（19a），動詞句（19b）で具現化するのを見ましたが，ここまで来ると名詞句で Goal が具現化しないのかという疑問がわいてきます。でも，*John went Tokyo. は非文法的です。これは，go が自動詞であるため目的語をとれません。そのため非文法的になるのです。（go が目的語がとれないことは「格」という概念が関係します。これは第 4 章で見ます。）

では，go と同じ項構造を持っていて，名詞句で Goal が具現化できる動詞はないのでしょうか？ あります！ それは visit です。visit は「〜を訪れる」という意味に解釈していることが多いので，go とは異なるものと思いがちです。しかし，項構造は同じなのです。Theme と Goal をとるのです。次の例を見てみましょう。

(20) a. John visited Tokyo.
       Theme   Goal
    b. John's visit to Tokyo
                    Goal

「訪れる」という行為は，主語 John が移動して「東京」という場

所に到着することですから，移動する John は Theme，到着する場所 Tokyo は Goal なのです。したがって，visit は go と同じ項構造を持っているわけです。一つ異なる点は，go が自動詞だということです。つまり目的語を取ることができないので，Goal は前置詞句として具現化しなければならないのに対して，visit は他動詞なので Goal を名詞句として具現化できるのです。他動詞 visit を名詞にすると (20b) のように Goal を表す前置詞 to が出てきて，前置詞句として具現化しています。名詞は目的語を取ることができないからです。

stay のような動詞もおもしろい具現化を示します。この動詞は (Theme, Location) という項構造を取ります。

(21) a. John stayed in Kyoto.　(PP)
　　 b. John stayed cool.　(AP)
　　 c. John stayed president for four years.　(NP)
　　 d. They decided to stay working till midnight.　(VP)

Location の具現化に，(21a) では具体的な場所を表す前置詞句 in Kyoto が用いられ，(21b) では「抽象的な心理的場所」として形容詞句の cool が用いられ，(21c) では「John は大統領の身分にとどまった」という意味で，抽象的な場所を表すのに president という地位を表す名詞句が用いられています。また，動詞句として (21d) のように具現化することもできます。

意味役割の抽象化が進行すると，項構造の変化を生じる段階へ進むことがあります。たとえば，hit や catch のような，明らか

に物理的な事象を表す動詞の項構造が，意味役割が抽象化することにより別の項構造に意味拡張します。

(22) a. hit: (Agent, Patient)　John hit Mary.
　　　　　↓
　　 b. hit: (Theme, Goal)　The car hit the fence.

(22a) は典型的な具現化の場合です。主語 John は意図的に何かを「たたく」行為者 Agent です。Mary は「たたかれる」対象ですから，被害者 Patient です。この物理的な行動は，John の手が Mary に移動して到着することを表していますから，この点から項構造が (22b) のように，Agent が Theme に，Patient が Goal に変化します。すると，(22b) の例のように車がフェンスに「ぶつかる」という意味になるわけです。

さらに意味拡張が進むと，(23a) のように「襲う」の意味になったり，(23b) のようにイディオムを形成して，「眠る」(hit the sack) とか「勉強する」(hit the book) のような意味になるわけです。

(23) a. A great typhoon hit the city.
　　 b. John hit the sack/book.

catch も (24a) では，典型的な項構造で「捕まえる」という意味を表していますが，(24bi) では意味拡張が進み「(病気に) かかる」という意味になり，(24bii) では「(火が) つく」のような意味にまで広がります。

(24) a. catch: (<u>Agent</u>, Theme) John caught the thief.
　　b. catch: (<u>Theme</u>, Goal)
　　　　　i. Mary caught the flu from his brother.
　　　　　ii. The flame caught the ceiling.

4. ゼロ外項の動詞

　項構造には外項と内項の区別があることはすでに見ました。一般的に外項は主語の位置に、そして内項は動詞句内に現れます。

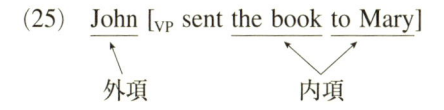

(25) John [vp sent the book to Mary]
　　　　　　　　　　　　　　　　　　
　　　外項　　　　　　　　内項

この外項、内項は時の流れの中で変化し、思わぬ項構造の具現化を生み出すことがあります。

　たとえば、映画 *Star Wars: Episode I* の中に次のような英語が字幕として出てきます。

(26) Your friend is a foolish one, methinks.

この部分は Anakin Skywalker がまだ子供の時、Watto という宇宙人の商人の奴隷として働いているところにジェダイの Qui-Gon がやってきて商談の後、帰って行った後で、Watto が宇宙人語で発した文に対する字幕として英語で示されたものです。奇妙なのは methinks という部分です。文脈から「おまえの友達は

バカだぜ，思うに」のような意味であろうということは推測できます。しかし, methinks の部分はどうなっているのでしょうか？ I think の変化形かとも思えますが，ちょっとわかりませんね。

　この奇妙な英語は，中英語や近代英語（Modern English: ModE）では結構よく出てくる表現です。意味はもちろん I think です。現代英語では I think that your friend is a foolish one. となり，I が主語で，think が動詞，that 節は目的語と言いたいところですが, think は直接目的語をとることができませんので (*I thought John.)，目的語ではありませんが，なくてはならない部分が that 節として現れますので補部です。他動詞ではないのですが，他動的です。しかし，もともと think は現代英語のように他動的な動詞ではありませんでした。「that 節の内容が誰々にとってそのように思える」というような意味の動詞でした。つまり，your friend is a foolish one の部分が主語で，me は与格の目的語だったのです。文が主語なので動詞には三人称単数現在の -s が付いているのです。me は与格で，かつては前置詞がいらなかったので，前置詞無しで動詞に付加されています。（動詞に目的語が付加されることについては第 6 章を参照。）ということは，まるで次のような文と同じだったということです。

(27)　It seems to me that your friend is a foolish one.

　自然言語には非人称構文（Impersonal Construction）という構文を持つ言語が多く存在します。その多くは明示的な指示を持たない代名詞とともに現れることがあります。英語では seem とい

う動詞が非人称動詞 (impersonal verb) の一つになります。この動詞の項構造は以下のようなものになります。

(28) a. seem: (Experiencer, Theme)
　　 b. It [$_{VP}$ seems to John that Mary is sick].
　　　　Expletive　　　Experiencer　　Theme

(28a) でわかるように，非人称動詞の項構造には外項の指定がありません。つまり，二つの意味役割の両方が動詞句内に現れるのです。(28b) の例が示すように，John が Experiencer として前置詞 to を中心とする前置詞句として，そして that 節が Theme として動詞句内に現れています。項構造の二つの項が両方とも動詞句内に現れているということは，外項の位置には何も要素が現れていないことを意味します。ゼロ外項の動詞ということになります。英語はイタリア語やスペイン語とは違って，主語を省略することができない言語ですので，主語の位置には意味を持たない代名詞 it が現れます。この代名詞を非人称の it (impersonal *it*)，あるいは虚辞の it (expletive *it*) と呼びます。

　ヨーロッパ言語の多くにはこの非人称構文を持つものが現在も幅広く存在します。以下にフランス語とドイツ語の例を示します。

(29) a.　フランス語
　　　　Il me　　paraît difficile de répondre à cette question.
　　　　(it to-me appear difficult to answer   to this question)

　　　　 'It appears to me difficult to answer this question.'

　b.　ドイツ語

　　　Es wurde　ihm geholfen.

　　（it　became him helped）

　　　'He was helped.'

(28a) のフランス語の例は英語の seem や appear と同じように使われる動詞です。主語の位置には非人称の it に当たる il が現れています。ドイツ語では it に当たる es が主語位置に現れています。

　英語にも古英語や中英語では数多く非人称構文が現れていました。

(30)　a.　Me　　ðuhte　　þæt we bundon sceafas on æcere (OE)

　　　　 (to-me seemed that we bound　sheaves in field)

　　　　 'It seems to me that we bound sheaves in field.'

　　　　　　　　　　　　　　　　　　　　　　　　(Gen 37.7)

　　　b.　Hir　thoughte that a lady sholde hir spare,　(ME)

　　　　 (to-her thought　that a lady should her respect)

　　　　 'she thought that ladies should respect her'

　　　　　　　(Chaucer, *The Canterbury Tales*, The Reves Tale, 46)

しかし，14 世紀以降，非人称構文に現れていた動詞は人称構文へと変化し，中英語の間に若干の例を除き消失してしまいました。現在では以下に示すように，少数の固有の動詞と構文に非人

称の it とともに残るものです。

(31) a. It seems that the socialists will be elected.
   b. It's raining.
   c. It's high time the children were in bed.
   d. It looks as if we were going to have a storm.

　英語の seem という動詞は (31a) のようなゼロ外項のまま現在まで続いてきた動詞ですが，動詞によっては Experiencer が外項になることにより非人称構文から変化する動詞が出てきたのです。その例が think であると言えます。(32) に示すように，think は古英語，中英語，近代英語では外項を持たないゼロ外項の動詞だったものが，現代英語では外項化のため Experiencer が主語となり，Theme はそのまま動詞句内に残ったため，まるで他動詞のように見えるようになったのです。

(32)　think: (Experiencer, Theme) → (Experiencer, Theme)
　　　　　　(OE, ME, ModE)　　　　　　(PE)

seem と think は，別々の無関係な動詞と思われていますが，項構造の観点からすると，単に外項化が適用されているかどうかの違いということになるのです。

5. 項の意味拡張

　外項化現象とともに，意味拡張により，項構造における特定の

項が別の項に変化するプロセスがあります。動詞 strike はもともと，strike という行動の対象となる Patient と，その行動を意図的に行う Agent からなる以下のような項構造を持っています。

(33)　strike: (Agent, Patient)

ところが，この strike という動詞には，seem とよく似た構文を取ることがあります。strike は次のような構文を取ることが可能です。説明の都合上，本来の (33) のような項構造を持つ strike を strike^1 と表記し，以下のような構文をとる strike を strike^2 と表記することにします。

(34)　strike^1: (Agent, Patient)　→　strike^2: (Theme, Goal)
　　a.　An idea suddenly struck^2 Sarah.
　　b.　It strikes^2 me that Mary is overworked.

strike^1 は John struck Bill. のような文を作ります。John が Bill をたたくというのは，John の身体の一部，手などが移動して，つまり Theme となり，Bill にあたる，つまり到着するということです。ですので Patient だったものが Goal になるのです。(34a) は一つのアイディアが Sarah に浮かんだということですから，アイディアが移動して Sarah に到着したということです。

　一度このような strike^2 の項構造ができると，Theme が命題としても用いられるようになり，(34b) のような構文にまで発展します。it は虚辞の it ではなく that 節の代用を果たすものです。いわゆる仮主語の it と呼ばれるものです。

strike^1 から strike^2 が意味拡張により生じるとすると，strike と同じような動詞であれば，同じような項構造の変化が可能性であるように思われます。この予測は hit という動詞において正しいと思われます。hit には次のような構文が可能です。

(35) a. It hit me that life is short. (*Genius* 4)
　　 b. The hopelessness of the situation suddenly hit them.
(ibid.)

第 4 章

名詞句の移動現象
―移動の理由―

動詞の基本的な意味は，意味役割の集合である項構造から決定されることを前章で見ましたが，一つの項構造が 2 通りの文形式で表現される現象を考えてみましょう。

1. 能動態と受動態は同じ意味か？
2. 受動態に by 前置詞句は必要か？
3. 受動態になると目的語が主語に移動する理由は何？
4. be fond of の of はなぜ必要なのか？
5. 動詞＋前置詞の受動態とは何か？
6. seem タイプの動詞における that 節から不定詞への書き換えで主語が移動するのはなぜ？

1. 一つの出来事の異なる表現

一つの動詞の項構造が二つの構文に現れることがあります。よく知られている次のような能動態 (Active Voice) と受動態 (Passive Voice) です。

(1) a. John wrote the book.
　　　 Agent　　　 Theme
　 b. The book was written (by John).
　　　 Theme　　　　　　　　 Agent

writeという動詞は，書く人と書かれるものの二つの要素が必ず必要ですので，項構造は (Agent, Theme) のようになります。この項構造を能動態として表したものが (1a) で，受動態として表したものが (1b) です。

能動態と受動態の文の意味は同じだとよく言われますが，この場合の「意味が同じだ」というのは，単に項構造が同じだということであって，二つの文がまったく同じ意味だということではありません。(1b) の by John を括弧に入れたのは，本来受動態は行為者が不明で言えないか，または話者が何らかの理由で言いたくない場合に用います。受動態は by 前置詞句がないほうが自然なのです。項構造を一致させるために，入れたに過ぎません。

(1) に示したように，項構造は能動態でも受動態でも同じものです。しかし，二つの意味役割が文中で占める位置は異なっています。本来 John は Agent ですから主語位置に現れるはずですが，文末に移動して by 前置詞句の形で現れています。the book は write の Theme ですから本来目的語の位置に現れ，その後主語の位置に移動しています。この能動態と受動態の関係を示したものが (2) です。((2a) の [$_{NP}$ e] は主語の位置が空 (empty) になっていることを示します。)

(2) a. [$_{NP}$ e] was written the book (by John).
　　b. [$_{NP}$ the book] was written t (by John).

このような操作で受動態は形成されるわけですが，受動態では能動態で目的語だったものがいったいなぜ主語の位置に移動してい

るのでしょうか？

2. 格という概念

この理由には格（case）という概念が関係しています。格というのは，英語では代名詞にしか表面に出てきません。I saw him. の場合，主語は I でなければならず me では間違いです。同様に目的語は him でなければならず he ではありえません。主語の格を主格（nominative case），目的語の格を対格（accusative case）といいます。（目的格と同じものです。）

この格という概念を普通の名詞句に対しても用います。つまり，John saw Mary. という文では，John は主格，Mary は対格を与えられていると考えます。そして，代名詞に限らず，名詞句も格を持たないものは許されないと考えます。この文では，動詞 saw が他動詞なので，Mary は saw から対格が与えられています。

では主格は何が与えるのでしょうか？ 動詞が与えるのは対格ですから，動詞が主格を与えるわけではありません。主格は時制（Tense: T）が与えるのです。これを図にまとめると次のようになります。

(3)
```
         John
          ↖  T
   Nominative Case  saw   Mary
                          ↖
                    Accusative Case
```

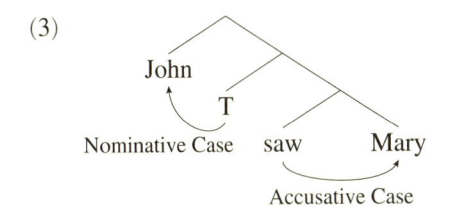

格が形態的に表面に現れる代名詞だけではなく，普通の名詞句にも格が与えられなければならないとすると，たとえば，次のような文が非文法的であることが説明できます。

(4) a. *I don't know what John to do.
　　b. *Mary is fond tennis.

(4a) では，不定詞の主語が現れていますが，不定詞であるため時制がありません。したがって，主格が John に与えられないため，意味的には問題なくても文としては非文法的なのです。また，(4b) は fond of という形でイディオムのように導入されるものですが，意味的には Mary likes tennis. と同じで，Mary is fond of tennis. の tennis は fond の目的語です。しかし，形容詞には対格を与える能力がないため（つまり，目的語をとれないので），意味を持たない of を仕方なく挿入するのです。fond のように形容詞の意味上の目的語の前に決まって of が現れるのはこのためです（例：afraid of, aware of, certain of, etc.）。

3. 目的語が主語位置に移動する理由

　この格の概念を用いると，受動態を作る際に，他動詞の目的語が主語の位置に移動する理由がわかります。受動態は他動詞に受動分詞（passive participle）-en をつけて一種の形容詞にします（write + en → written）。他動詞が形容詞になったわけですから，fond の場合と同じように，意味上の目的語に対格を与えることができません。当然，格が与えられない目的語は非文法的になるので，この位置にとどまることはできません。そこで，(2b) に示したように，空いている主語の位置なら主格が与えられるので，この位置に移動するわけです。

　英語では受動態の文が珍しくありませんが，フランス語やスペイン語などロマンス系言語では受動態はあまり用いられません。ましてや次のような受動態はあり得ません。

(5)　a.　John was laughed at by everyone.
　　 b.　We were rained on.

このような受動態は疑似受動態（Pseudo-passive）と呼ばれます。自動詞に後続する前置詞の目的語が受動態の主語になっている文です。

　英語には「自動詞 + 前置詞」を他動詞に変換する操作があると考えられており，(5a) の場合，自動詞 laugh と前置詞 at が一つの他動詞になり，それに受動分詞（この場合は -en ではなく -ed）がつけられて，受動態になるわけです。構造を示すと次の

ようになります。

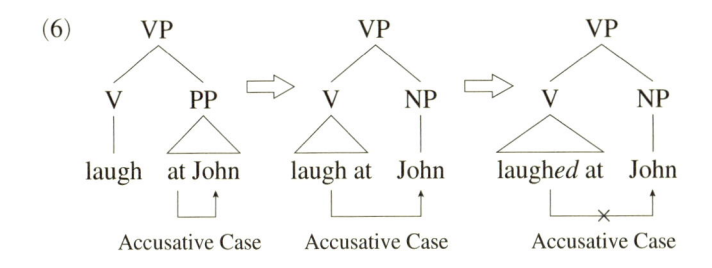

(6)
```
      VP                    VP                    VP
     /  \                  /  \                  /  \
    V    PP       ⇒      V    NP      ⇒       V     NP
        /  \                                  
  laugh  at John       laugh at  John       laughed at  John
     └──────↑             └────────↑           └────×
   Accusative Case     Accusative Case      Accusative Case
```

したがって，John には格が与えられなくなるので，目的語の位置にとどまることはできず，主格が与えられる主語の位置に移動せざるを得なくなるのです。

4. 目的語が二つある場合の受動態

二重目的語構文を受動態にする場合，間接目的語を主語位置に移動させて受動態を作ることは可能ですが，直接目的語には同様のことはできないとされます。

(7) a. John gave Mary the book.
    b. Mary was given the book.
    c. *The book was given Mary.
       (The book was given to Mary.)

アメリカ英語ではこのような判断が一般的ですが，イギリス英語だと (7c) を文法的だとする判断もあります。

これは，(7a) の Mary が give の直後に来ていることから Mary には目的格 (objective case) が与えられているのに対して，the book は目的格以外の別の固有の格 (inherent case) が与えられていることが関係しています。受動態は目的語の目的格を吸収することで成立しますので，the book に与えられた固有の格は吸収できず，受動態が作れないのです。

　ただし，これは前置詞が to の場合のみにいえることで，前置詞が to 以外の場合は二重目的語構文を受動態にすることはできません。たとえば，buy, play, lose は，(8) に示すように二重目的語構文を取ることができる動詞ですが，二つの目的語に受動態を適用した (9), (10) はすべて非文法的です。

(8) a.　John bought Mary the book.
　　b.　John played Mary three games of chess.
　　c.　Harry lost Lucius his servant.
(9) a. *Mary was bought the book.
　　b. *Mary was played three games of chess.
　　c. *Lucius was lost his servant.
(10) a. *The book was bought Mary.
　　b. *Three games of chess was played Mary.
　　c. *My servant was lost Lucius.

(10) の例がすべて非文法的である理由は，二重目的語構文の直接目的語が固有の格を持っているので受動態にできないというように，(7) の場合と同様に説明ができます。でも，それなら (9)

がよくならないといけないわけですが，これには別の理由があります。

give や send のように与格構文では前置詞 to をとる動詞の場合と buy や play, lose とは明確に次のような事実の相違があります。

(11) a. *John gave the book.

b. *John sent the book.

c. John bought the book.

d. John played three games of chess.

e. Lucius lost his servant.

つまり，give や send の場合は to 前置詞句が必要不可欠な句，いわゆる補部なので，省略が不可能であるのに対して，buy, play, lose の場合は省略が可能，つまりなくてもよい要素，付加部（adjunct）なのです。したがって，補部から二重目的語構文は受動化ができるが，付加部から作った二重目的語構文は受動化ができないと一般化することができるのです。

同じ移動であるにもかかわらず，wh 疑問文を作る時には受動態の場合と正反対になります。

(12) a. *Who did you give the book?

(Who did you give the book to?)

b. What did you give Mary?

これには，二重目的語構文の間接目的語は生物名詞でなければな

らないという生物名詞制約（animate restriction）と知覚の方策（perceptual strategy）が関係しています。(12a) のように give の後に無生物が来ると，知覚の方策によりその文は与格構文であり二重目的語構文ではないと判断されます。与格構文であれば前置詞 to が来るはずですが，実際にはきていないので (12b) は非文であると解釈されてしまいます。一方 (12b) の場合は give の後に生物名詞がきているため，この文は生物名詞制約と知覚の方策により二重目的語構文だと判断され，その後には非生物名詞がくると判断します。文頭の what はこの位置から移動してきたものと判断するので，生物名詞制約，知覚の方策ともに守られているので，文法的と判断されるわけです。

5. 複文から単文への書き換え

　複文から単文への書き換え操作を教えるとき，よく用いられるのが次のような例です。

(13) a.　John believes (that) Mary is sick.
　　 b.　John believes Mary to be sick.

that 節内の主語である Mary は，単文に書き換えても (13b) のように believe の直後に位置します。

　ところが，次のような例の場合はそうはいきません。

(14) a.　It seems (that) Mary is sick.

b. *It seems Mary to be sick.

c. Mary seems to be sick.

動詞が believe の時には単文に書き換えても，その直後の位置に Mary がとどまりましたが，seem の場合には (14b) のようにその直後にはとどまることができず，(14c) のように主語位置に移動しなければなりません。この相違にも格が関係しています。

believe と seem の違いはその項構造にあります。両者の項構造は以下のようになっています。

(15) a. believe: (<u>Agent</u>, Theme)

b. seem: (Experiencer, Theme)

believe は他動詞なので，主語位置に Agent が現れます。そのため，外項として Agent に下線が引かれています。これに対して，seem は外項がありません。外項がないということは主語がないということです。したがって，seem の場合は，主語がなく Experiencer と Theme が動詞の後に現れます。

(16) a. [$_{NP}$ e] seems <u>to John</u> <u>that Mary is competent</u>.
　　　　　　　　　　Experiencer　　　　　Theme

b. It seems to John that Mary is competent.

(16a) はそのままでは主語のない文として非文法的になります。そのため，(16b) のように，意味を持たない it を主語位置に挿入するのです。これがいわゆる仮主語の it を用いる構文です。

このような項構造の違いをもとに (13b) の場合と (14c) の場合を図で示すと次のようになります。

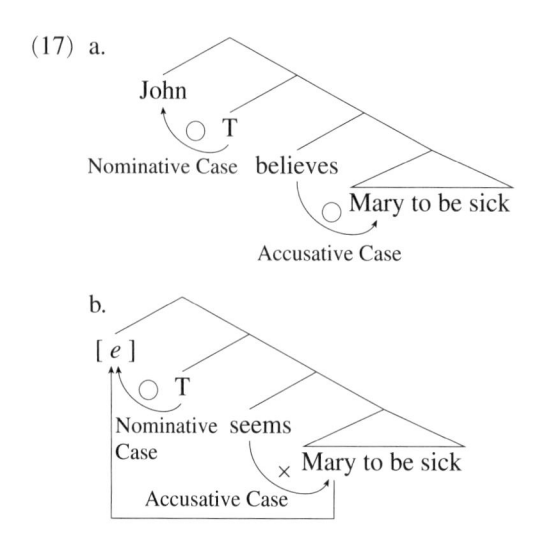

(17) a.

```
        John
         ↑  ○ T
Nominative Case  believes
                    ○  Mary to be sick
                    Accusative Case
```

b.

```
       [ e ]
         ↑  ○ T
Nominative  seems
Case             × Mary to be sick
       Accusative Case
```

(17a) で，believe は他動詞であるため直後の名詞句 Mary に対格を与えることができます。そのため Mary はどこにも移動する必要がないのです。しかし，(17b) に示すように，seem の場合は自動詞ですので，直後の名詞句 Mary に対格を与えることができません。格を持たない名詞句は非文法的になりますから，どこかで格を与えられなければなりません。唯一それが可能な位置が seem の前の位置，つまり主語の位置です。そのため，仮主語の it が入らなければ，seem の主語位置に移動するのです。

6. believe タイプの奇妙な文

前節で述べた believe タイプの動詞における不定詞の書き換えは，高校では普通に習いますが，実は世界の言語的に見るととても奇妙なものなのです。believe タイプの動詞は，補部に that 節も不定詞節も取ります。

(18) a. John believes that Mary is competent.
  b. John believes Mary to be competent.

(18b) の Mary は目的語のように思われていますが，目的語ではなく，(18a) の that 節の場合と同様，主語なのです。

その証拠には，(18b) で John が信じているのは Mary 個人ではなく，「Mary が有能である」ということがあります。また，英語には主語の位置にしか出てこない名詞が二つあります。気候の it と存在文，there 構文の there です。次の例はそれらが現れている例文ですが文法的です。believe の後ろが目的語であれば，これらの名詞は出てこないはずです。でも以下に示すように，believe の後にこれらの名詞が出てくる文は可能なのです。

(19) a. John believes it to be rainy tomorrow.
  b. John believes there to be several foreigners at the party.

このような構文はかなり珍しい構文で，ドイツ語やフランス語などヨーロッパ系言語には見られない構文です。例外的な存在で

す。また，(18a) で Mary to be competent が文だとすると believe の持つ対格は文境界を越えて与えられていることになり，このような格の与え方も例外的です。そのため，(18b) のような構文を例外的格付与（Exceptional Case Marking）構文と言います。

面白いことにヨーロッパ系言語では珍しいこの構文が，日本語にはあるのです。

(20) ジョンはメリーを有能だと思っている。

言語の起源的にもまったく関係がないように思われる英語と日本語が，ともに例外的格付与構文を持っていることは興味深い事実です。

この構文の特別な特徴も英語と日本語では共有されています。次の例を見てください。

(21) a.　John believes Mary to be competent.
　　 b. *John believes Mary to come tomorrow.
(22) a.　ジョンはメリーを有能だと思っている。
　　 b. *ジョンはメリーを明日来ると思っている。

(21b), (22b) からわかるように，例外的格付与構文においては不定詞が状態を表すものでないと非文法的になるのです。

第 5 章

句の内部構造
―主要部，補部，指定部―

文が単語からできていることは明白なことですが，いくつかの単語がまとまりを成していることも明らかです。文の構造を理解するとき，自然と単語のまとまりを探しています。文における単語のまとまりについていくつか疑問がわくのは自然なことでしょうか？

1. 句の内部構造はどうなっているの？
2. 自己紹介で「私はA大学の学生です」ってどう英語に訳すの？
3. 複数名詞には不定冠詞がつかないけどそれでいいの？
4. 「5歳」ってなぜ five yeas old のように old の前につけるの？
5. ago って副詞，前になぜ five years とかつけられるの？
6. 「マクドナルド」って McDonald ではいけないの？
7. 副詞は文中のどこに置くのがいいの？
8. 副詞はみんな同じ種類？

1. 文と語の中間

文は複数の単語から作られていると言われます。確かに，The boy put the big bag on the table. のような文は9個の単語からできています。しかし，文と単語の間には句（phrase）という段

階が存在します。この存在を意識することは英語を理解，運用する上でとても重要な意味を持ちます。

たとえば，先ほどの文を声に出して読むとき，big と bag の間や，on と the の間に息継ぎを入れて読むと英語としてとてもおかしな発話になります。息継ぎ，あるいはポーズをあえて入れて読むとすれば，the boy の後，bag の後以外は基本的にあり得ません。

また，英語には文の後ろの方に位置する要素を主語の前に移動させる規則があります。上の例文だと次のようになります。（この操作は，話題化（Topicalization）というもので，詳細な考察は第10章で行います。）

(1) a. The big bag, the boy put on the table.
　　b. On the table, the boy put the big bag.
　　c. The table, the boy put the big bag on.

主語の前に移動させた要素はある一定のまとまりを持った単語の集合です。この集合を句と呼びます。句単位で移動させないと，以下のように非文法的な文になってしまいます。

(2) a. *Bag, the boy put the big on the table.
　　b. *Put on the table, the boy the big bag.

つまり，文と単語の間には句という段階があり，文はいくつかの句からできているという理解が必要なのです。文が単語からできているという理解だけでは，発音するとき，理解するとき，作

るときのすべてに支障が出てきます。

2. 主要部の右側——補部

　句には，今までの話の中でも出てきたように名詞句 NP，前置詞句 PP，動詞句 VP，形容詞句 AP の 4 種類があります。それぞれの句にはその中心になる語があり，名詞句の場合は名詞が中心になります。動詞句は動詞，形容詞句は形容詞，前置詞句は前置詞が中心になります。このような句の中心をなす単語を主要部（head）と呼びます。名詞句 [NP the book] では名詞 book が主要部で，前置詞句 [PP on the book] では前置詞 on が主要部になります。

　主要部はその意味が成立するために別の要素をどうしても必要とすることがあります。たとえば，student という名詞は単独で使用されますが，何を勉強する学生なのかが意味的には必要になります。student は動詞 study から派生した名詞です。そして，動詞 study は必ず勉強する対象が目的語として必要です。そのため，名詞になっても何を勉強する学生なのか，勉強する内容が必要になります。したがって，名詞の student の場合も a student of English のように student の意味を完成させる要素が必要なわけです。このような要素を補部（complement）と呼びます。

　補部は主要部の意味を補うために出てくる要素です。student はその補部に勉強する内容が出てきます。したがって，「私は A

大学の学生です。」を *I am a student of A University. と作文する人がたくさんいますが、これは間違いです。student の後に of という前置詞をつけた場合、それは補部を意味しますから、科目名がくるべきで、所属を表すような要素は現れることができないのです。(もっとも、上の文を「私はA大学を研究している学生です」と解釈するなら正しい文と言えますが、実際そのように言うことはありません。)

形容詞の補部を考えてみましょう。たとえば、be fond of という表現をイディオムのようにして覚えたと思いますが、I am fond of tennis. は I like tennis. とほぼ同じ意味でしょう。like は他動詞で、必ず目的語が必要です。この目的語が補部の tennis です。これと同様に fond の場合も of tennis は形容詞 fond の目的語、つまり補部なのです。ですので、*I am fond. や *I like. のような補部を持たない文は非文法的です。補部は形容詞や動詞の場合は基本的に省略できないのです。

補部はこのように主要部の後ろ、言い換えると右側に出てきます。では、主要部の前、言い換えると、左側にはどのような要素が出てきて、どのような役割を果たしているのでしょうか？

3. 主要部の左側──指定部

a student of English の場合を例に取ると、主要部の student は学生の集合 (set) 全体を表しています。その学生達の専攻は英語であるという補部を入れると、学生の集合の中でも、英語を専

攻している学生という部分集合（subset）を表すわけです。不定冠詞 a は，その部分集合の中の一つを指定していることになります。集合で表すと次のようになります。

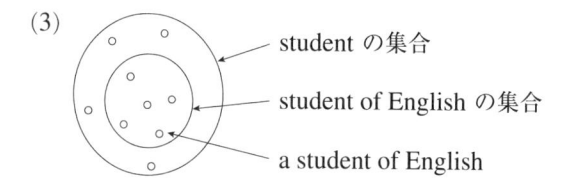

(3) ・student の集合
・student of English の集合
・a student of English

このように，主要部と補部の共通集合の中の要素を限定する機能を指定部（specifier）と呼びます。

名詞の指定部としては定冠詞 the, 不定冠詞 a(n) が現れます。the apple という名詞句はリンゴの全集合の中で特定のリンゴを指定しています。an apple という名詞句はリンゴの全集合の中で，特にどれという指定はしないがどれか一個のリンゴという指定をしています。定冠詞 the は the book のように単数名詞にも，また the books のように複数名詞にもつけられます。しかし，不定冠詞 a(n) は an egg のように単数名詞にはつけられても，*an eggs のように複数名詞にはつけられません。これは当然だと思われているかもしれませんが，他の言語を見てみると，当然とは言えないのです。たとえば，フランス語では複数名詞につけることのできる不定冠詞が存在します。

(4) a. 不定冠詞： un livre（= a book），des livers（= books）
    b. 定冠詞： le livre（= the book），les livres（= the books）

不定冠詞は常に単数というのは英語固有の特徴です。

前置詞は補部（下線部）とともに [**on** <u>the desk</u>] のような構造を作りますが，主要部の前に指定部が現れる場合があります。

(5) a. [PP *ten miles* **off** <u>the cape</u>]
    b. [PP *a week* **into** <u>the vacation</u>]
    c. [PP *two feet* **from** <u>his ear</u>]

主要部の前置詞の前に現れている要素は，すべてその後の主要部＋補部の内容を指定しています。(5a) だと，岬から離れている距離を指定しているわけです。

このように，句の中には主要部の意味を補う補部と，主要部＋補部の内容を指定する指定部というものがあるわけで，これらの要素が階層を作って句を構成しています。(5a) の前置詞句を例にとると次のような構造ができていることになります。

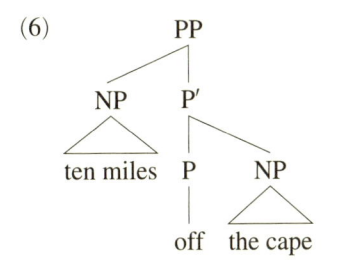

(6)
```
          PP
         /  \
       NP    P'
       |    /  \
   ten miles P   NP
             |   |
            off the cape
```

主要部の前置詞 off と補部であるその目的語の the cape で P′(P prime と読む) という一つの階層を作ります。P′ は前置詞 P より大きい階層というだけのことです。この P′ と指定部の ten miles で句全体が形成されるのです。

(6) の主要部を N に変えると名詞句 NP が，A に変えると形容詞句が，そして V に変えると動詞句が同じ構造で作り出されます。そのため，一般形式にすると以下のようになります。

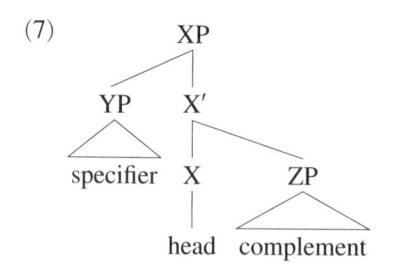

(7)
```
            XP
           /  \
         YP    X'
         /    /  \
    specifier X   ZP
              |
             head  complement
```

このような一般形式が提案された Chomsky (1972) では X′ ではなく $\overline{X}$ がという文字が用いられたため，この形式は X バー理論 (X-bar Theory) と呼ばれます。句の一般構造はこの X バー理論で規定されます。

4. 主要部・指定部・補部の省略

このような句の構造において，各部分が省略されることがあります。主要部の省略としては次のような表現に表れます。

(8) 主要部の省略
   a. [$_{NP}$ *the* rich (**MEN**)]
   b. [$_{NP}$ *McDonald's* (**RESTAURANT**)]

c. [NP bulging green eyes [PP (**OF**) the size of tennis balls]] (HPCS: 18)

d. John will select me, and Bill will [VP (**SELECT**) you]. (Lasnik (2003: 56))

(8a) のように「the + 形容詞」で人の集合を表すことがありました。これは名詞句の主要部 MEN（あるいは PEOPLE）が省略されたものです。(8b) のように固有名詞の所有格形が店の名前を表すこともあります。(8c) では前置詞句の of が省略されることがあり、省略に気づかないととても奇妙な語の連鎖のように見えます。(8d) は動詞句の主要部が省略されています。補部は残っているので、見た目にはまるで助動詞 will が目的語 you を取っているように見えますが、本動詞が省略されている構文です。疑似空所化（Pseudo-Gapping）と呼ばれる構文です。

指定部の省略としては次のようなものがあります。

(9) a. [NP (*a*) **Child**] as he was, John knew a lot about it.

b. John's taller than he is [AP (X) **wide**].

c. Why were there more women on t.v. than there were [NP (X) **men**]?

d. They had hoped that Goyle, who was almost as stupid as he was [AP (X) **mean**], might be thrown out, but he had passed, too. (HPPS: 330)

(9a) は譲歩の意味を表す構文で、Tall as she was のように一般

的には形容詞句が文頭に現れる構文ですが，このように名詞句が文頭に現れることもあり，その際には名詞句の指定部が省略されます。(9b) では一見比較級の構文のように見えますが，完全な比較級の構文であれば，John is taller than Mary is (TALL). のように比較の対照となる形容詞句全体が省略されます。(9b) で比較対照されて省略されているのは背の高さと体の横幅の「度合い」が比較されており，その部分が省略されています。このことは (7c) のような文の方がわかりよいかと思います。more women の more に対する部分が [NP (X) men] のように X で省略されているのです。(9b, c) において X の省略があることは，その前の be 動詞の発音が弱形にならないことからもわかります。(9b) では，主節の be 動詞は弱形になり主語 John に縮約されて John's になっていますが，than 以下では is のままになっていることからもわかります。このような比較構文に似てはいますが，異なる構文を比較下位削除 (Comparative Subdeletion) と呼びます。*Harry Potter and the Philosopher's Stone* に (7d) のような具体例が出ています。

　補部は主要部の意味を補うもので，意味的には必要な部分ですから，表面的には現れていない場合でも必ず存在します。たとえば，three years ago は副詞だとされていますがこれは前置詞句で，[PP *three years* **ago** NOW] のような構造をしています。補部には「現時点」という意味の NOW が存在するのです。現時点から 3 年前という完全に過去の一時点を指しますから，現在完了形や過去完了形とともに用いられることがないことが明白にな

ります。また，it-that の強調構文では that 節の前には名詞句か前置詞句しか現れることができないのですが，ago は出現可能ですから前置詞句だということになります。

(10) a. It is [_NP this book] that John bought yesterday.
    b. It is [_PP three years ago] that we met Susan.
    c. *It is [_AP very happy] that we thought Mary was.
    d. *It is [_AdvP very carefully] that Susie worded the letter.

また，take off や put on などの「動詞 + 副詞」の句動詞 (phrasal verb) も，もともと前置詞句で補部が文脈などから解釈可能なので省略されているのです。

(11) a. The airplane took off an hour late.
    b. The airplane took [_AdvP *an hour* **late** (SCHEDULED TIME)] [_PP **off** (LAND)].
    c. John took off the hat.
    d. John took the hat [_PP **off** (HEAD)].

(11d) からも分かるように，もともと前置詞句だった off HEAD が補部の省略で off のみになり，「軽く」なったため目的語の前に移動し副詞のように振る舞うようになったのです。

5. 付加部

句には主要部，補部，指定部があることを見ましたが，あとも

う一つ現れる要素があります。それが一般的に修飾語と呼ばれるものです。以下の例を見てください。

(12) a. a very tall girl
　　 b. a boy from England
　　 c. a book that I bought yesterday

(12a) で，very tall の部分は形容詞句で主要部 girl を修飾し，(12b) では，from England という前置詞句が boy を修飾し，(12c) では関係節 that I bought yesterday が book を修飾しています。これらは主要部にとって補部ではなく，情報の追加を行っています。このような修飾要素を付加部 (adjunct) と呼びます。

　付加部は複数つけることができるので，つければつけるほど情報量は多くなり，構造は複雑になります。しかしそのつけ方は単純で，たとえば名詞句内であれば N′ を二段重ねにして上の N′ につければいいのです。(12a) だと次のようになります。

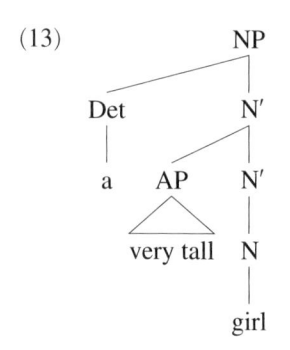

(13)
```
              NP
            ／  ＼
          Det    N′
           |    ／＼
           a   AP   N′
              △    |
           very tall N
                    |
                   girl
```

わざわざ N′ を重ねるのは，そうしないと付加部の AP と主要部

の N が同一階層になり，形容詞句が補部になってしまうからです。

(13) で AP の部分を N′ の右側に対称移動して前置詞句 from England を入れれば (12b) になり，それを関係節に変えれば (12c) になります。

6. 文も句の一つ

名詞句の主要部は N，動詞句の主要部は V，前置詞句の主要部は P，形容詞句の主要部は A のように，NP, VP, PP, AP はそれぞれの主要部がはっきりしています。では文の主要部は何なのでしょうか？ 動詞が文の中心であるように思いませんか？ でも，動詞ではありません。動詞は動詞句 VP の主要部ですから。

第4章で主語に格を与える要素を時制 T だとしました。そこで文の主要部を T だとします。すると John kissed Mary. のような文は次のような構造をしていることになります。

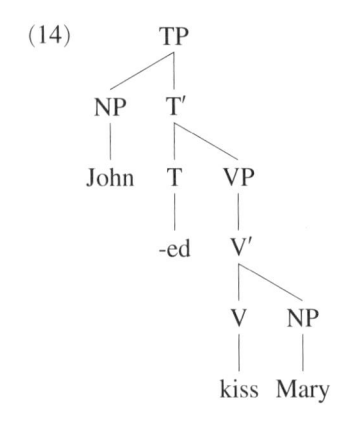

(14)
```
        TP
       /  \
      NP   T'
      |   /  \
    John T    VP
         |    |
        -ed   V'
             /  \
            V   NP
            |    |
          kiss  Mary
```

動詞句の主要部にある kiss は原形の動詞で，時制要素を含んでいません。過去の語尾は時制 Tense の T の位置にあり，後に移動し kiss と合体して kissed になります。

　副詞は動詞を修飾する付加語です。副詞という品詞はいくつかのタイプがありとてもやっかいなものです。一般的な，-ly で終わる副詞を ly 副詞とすると，ly 副詞には 2 種類のタイプがあります。一つは文全体を修飾する文副詞（sentence adverb）で，もう一つは動詞句を修飾する動詞句副詞（VP adverb）です。文の中心は T ですから文副詞 probably は TP, T′, T のいずれかに付加する形で置けば正しい位置になります。動詞句副詞は VP, V′, V のいずれかに付加する形で置けばいいのです。それ以外だと非文法的になります。

　まず文副詞 probably の位置から見てみましょう。このタイプの厳密な位置を特定するために The enemy will have destroyed the village. のように法助動詞や完了形が出てくる文を考えてみ

ましょう。この文は次のような構造を持っています。

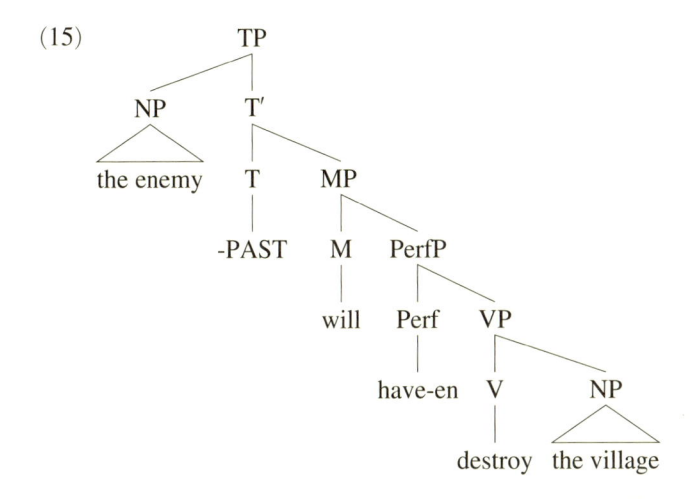

(15)
```
                    TP
                   /  \
                 NP    T'
                 /\   /  \
           the enemy T    MP
                    |    /  \
                 -PAST  M    PerfP
                        |   /    \
                       will Perf  VP
                            |    /  \
                         have-en V   NP
                                 |   /\
                             destroy the village
```

MP は法助動詞句 (Modal Phrase) で，その主要部に法助動詞 will を持ちます。PerfP は完了句 (Perfect Phrase) で，have と過去分詞の語尾 -en を持ちます。will は時制を持つために T の -PAST に移動します。完了形の過去分詞語尾 -en は動詞 destroy に移動し destroyed となります。

(16)
```
                TP
             /      \
           NP        T′
           |       /    \
       the enemy  T      MP
                  |    /    \
                 will  M    PerfP
                          /      \
                        Perf      VP
                         |      /    \
                        have   V      NP
                               |      |
                           destroyed the village
```

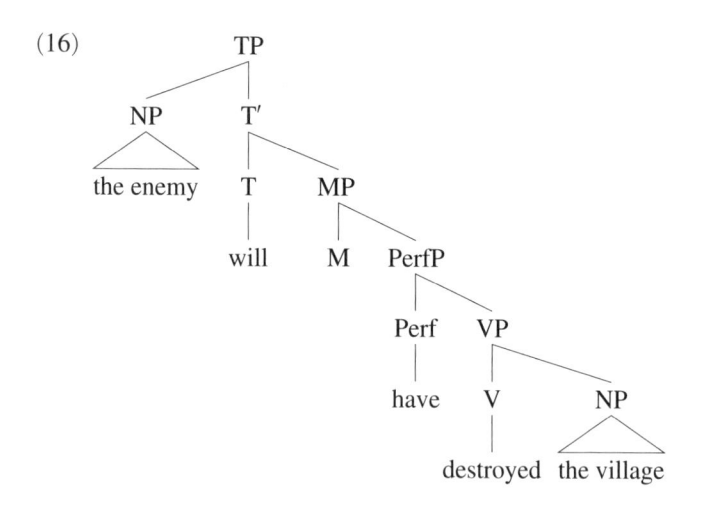

　この構造に対して probably を挿入してみましょう。以下のような言語事実があります。

(17) a. ***Probably***, the enemy will have destroyed the village.
　　 b. The enemy ***probably*** will have destroyed the village.
　　 c. The enemy will ***probably*** have destroyed the village.
　　 d. *The enemy will have ***probably*** destroyed the village.
　　 e. *The enemy will have destroyed ***probably*** the village.

probably は文副詞なので，TP, T′, T に付加するように配置することができれば文法的になります。文頭に probably を置くと (18) のように置くことができ文法的であると予測し，事実 (17a) は文法的です。

(18)
```
            TP
           /  \
     probably  TP
              /  \
            NP    T'
            |    /  \
       the enemy T   MP
                |    △
               will  ....
```

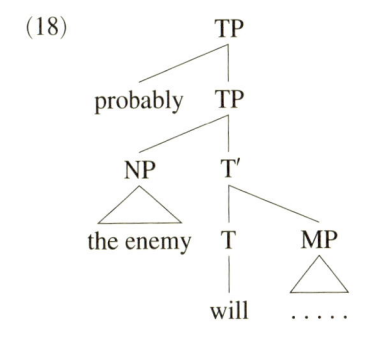

probably を主語と will の間に置くため，あるいは will の後に置くためには，(19) のように T に付加して左右どちらかに置けば可能であると予測できます。そして，(17b, c) が示すようにこの二つの文は文法的です。

(19)
```
              TP
             /  \
           NP    T'
           △    / \
       the enemy T   MP
                /|\   △
         probably T probably have....
                  |
                 will
```

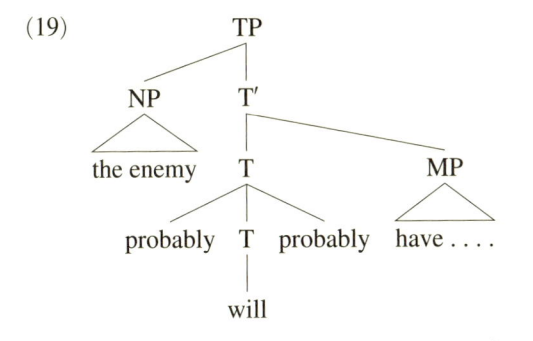

しかし，have と destroyed の間に probably を置こうとすると (20) のような構造になり，線がクロスしてしまいます。したがって非文であると予測され，その予測は正しいのです。

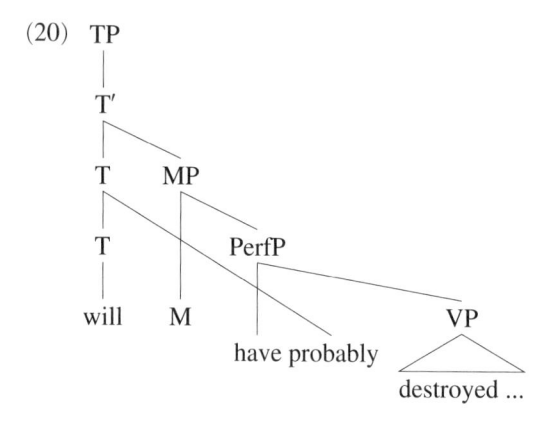

(20)
```
       TP
       |
       T'
      / \
     T   MP
     |   /\
     T  /  PerfP
     |  |  / \
    will M /   VP
         have probably
                destroyed ...
```

　(17e) の非文性も同様に説明できます。probably は VP 内に位置するため T から線を引くと PerfP のみならず VP もクロスしてしまうので非文になります。この文の非文性は，前章で見た格の概念からも説明できます。他動詞と目的語の間に副詞が現れているので，格が目的語 the village に与えられないため非文なのであるとも説明できます。

　この文の文末に probably を置く場合はちょっとした注意が必要です。以下のような事実があります。

(21) a. *The enemy will have destroyed the village probably.
　　 b. The enemy will have destroyed the village, probably.

(21a) は village の直後に probably を置いているわけですが，当然ながら VP 内に probably が入ってしまい TP, T', T のいずれともクロスすることなく結びつけることができません。したがって，非文になります。しかし，(21b) は the village の後に

コンマがありその後に probably が位置しています。つまり，(22) のように TP と結びつけることができるので文法的になります。

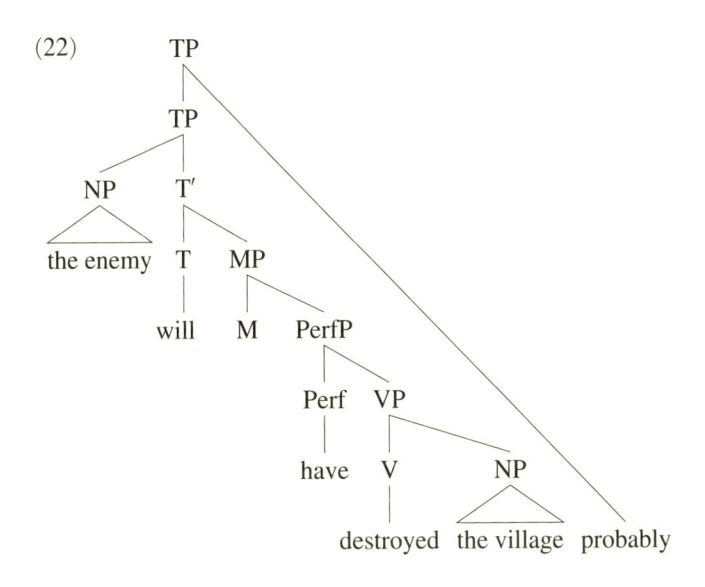

(22)
```
              TP
             /  \
           TP    \
          /  \    \
        NP    T'   \
        /\   / \    \
   the enemy T  MP   \
             |  / \   \
           will M  PerfP
                  /   \
                Perf   VP
                 |    /  \
                have V    NP
                     |    /\
               destroyed the village  probably
```

この文を発音する際には village の後に軽いポーズを入れることを忘れてはいけません。

では動詞句副詞の言語事実を見てみましょう。

(23) a. *__Completely__, the enemy will have destroyed the village.
　　 b. *The enemy __completely__ will have destroyed the village.

c. *The enemy will *completely* have destroyed the village.

d. The enemy will have *completely* destroyed the village.

e. *The enemy will have destroyed *completely* the village.

f. The enemy will have destroyed the village *completely*.

動詞句副詞は VP, V′, V に付加されている位置なら適切な位置なわけですから，以下のような構造になると考えられます。

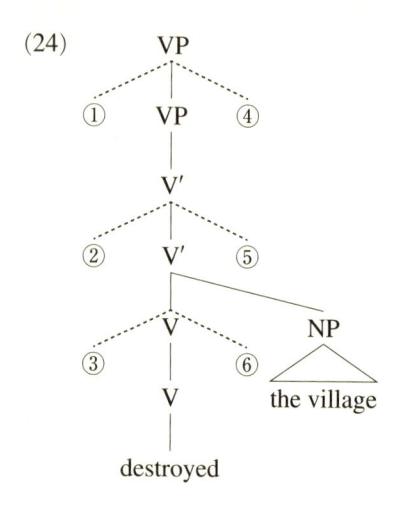

(24)
```
           VP
      ┌────┼────┐
     ①   VP    ④
          │
          V′
      ┌───┼───┐
     ②   V′   ⑤
         ┌┴──┐
         V   NP
      ┌──┼─┐  △
     ③  │  ⑥ the village
         V
         │
       destroyed
```

動詞 destroyed の左側に completely が現れる場合は ①, ②, ③ のいずれの可能性もあります。V の右側に現れる場合は，文末

の位置が ④, ⑤ の可能性があります。⑥ はすでに見たように, the village に格が与えられなくなるので, 可能性はなくなります。

第 6 章

代用形の特徴
―接辞化という特徴―

言語には談話に一度出てきた要素を繰り返すのではなく，別の形式で表現する代用表現（Pro-form）というものがあります。代名詞（Pronoun）はその一つです。この呼び名は正確には間違っています。代名詞は名詞の代わりをするものではありません。I met a very pretty girl at the party. I found out later that she was John's sister. において，she は girl を指しているわけではなく a very pretty girl を指しています。ですから代名詞というより正確には代名詞句（Pro-NP）なのです。ですが呼び方は変更せず，そのまま代名詞という用語を用いていきます。

代名詞もその使用法についていろいろ問題がわいてきます。

1. 代名詞って何を受けているの？
2. 代名詞の発音は一つだけ？
3. なぜ call up her は間違いなの？
4. there 構文の there って副詞の there と同じ？
5. thereby とか hereby とか，意味が覚えにくいんだけど。
6. this は日本語の「これ」，that は日本語の「あれ」でいいの？

1. 代名詞の音声的特徴

代名詞は談話で一度出てきた要素を受けるわけですから普通は

旧情報 (old information) で，基本的にアクセントを持ちません。中学や高校の英語教育では，文中のどの単語にアクセントを「置く」かというように，アクセントは「置くもの」，「付けるもの」と教えられるのが一般的だと思われますが，ここでは語はもともと第一強勢 (Primary Stress) を持っており，構造によって弱められていくと考えます。

簡単な例，[NP tall girls] を考えてみましょう。この名詞句は，tall という形容詞が girls という名詞を修飾しているものです。この名詞句の発音は tall に強勢を置くと思っていませんか？ 特殊な文脈，たとえば，tall が強調されるような場合などでは起こりますが，普通は girls のほうに強勢が置かれます。(tall と girls が同じぐらいの強さで発音されるといったほうが正確かもしれませんが，名詞句の中では girls のような名詞が強く発音されることをはっきりさせるために，あえて girls のほうに強勢が置かれるとしておきます。)

句や文の中でどの単語にアクセントが残るかを決定する規則に**核強勢規則** (Nuclear Stress Rule: NSR) というものがあります。

(1) [C α β] において C が句であれば，α の強勢が弱くなる。

これを用いると I saw John. のような文における動詞句 saw John の部分は，次のような段階を経て John に強勢が置かれることが分かります。

(2) 第 1 段階：[VP sáw Jóhn]

第 2 段階：[$_{VP}$ sáw Jóhn]

第 3 段階：[$_{VP}$ saw Jóhn]

強勢は * で表し，第 1 段階では，saw と John の両方に強勢が置かれています。この状態で NSR を適用するのですが，第 2 段階で示されているように，一度両方の語に仮に * を 1 個ずつ付与します。そこで NSR を適用すると saw の上に付いた * が 1 個減らされます。その結果，[$_{VP}$ saw John] では目的語の John のほうが強く発音されるということになります。

この NSR は句に適用されるものですから，[$_{NP}$ tall boys] なら boys に，[$_{PP}$ to John] なら John に強勢が置かれるのです。[tɔ́ːl bɔ̀ɪ] のように発音すると，イギリスの技術者バーンズ・ウォーリスが第二次世界大戦後期の 1944 年に，堅牢な構築物を破壊する作戦に投入するために開発した，重さ 5 トンの大型爆弾の名前や，Tallboy Caps と呼ばれるフォントで，TALLBOY のようなフォントの名前になってしまいます。

では，この NSR が代名詞を含む句 [$_{VP}$ saw him] にはどのように適用されるのでしょうか。もし，saw John の場合と同じだとすると sàw hím という不自然な発音になります。もちろん，him に強調を置く，いわゆる感情アクセント (emphatic accent) ならばそのような発音になりますが，普通の状態では不自然な発音です。

ここで代名詞独特の特徴が出てきます。英語では気づきにくいことですが，代名詞の発音には 2 種類あるのです。強形 (strong form) と弱形 (weak form) で，それぞれ [hɪm] と [həm] のように表記します。フランス語などでは，「私」の場合，強形である moi [mwa] と弱形である me [m(ə)] をスペリングの上でも区別します。ですので，英語にも強形と弱形の2種類の代名詞があるのです。

フランス語において動詞の目的語は英語と同様に動詞の後ろに現れますが，目的語が弱形代名詞の場合は時制を持つ動詞の前まで移動します。I love you. の意味のフランス語 Je t'aime. では t' の部分が aime (= love) の目的語弱形代名詞です。2人称目的語代名詞 te はこの位置に現れなければならず，英語のように *Je aime te. のような語順になると非文法的です。このような弱形代名詞が前に移動し動詞と結合することを接辞化 (cliticization) と呼びます。弱形代名詞は接辞化しなければならないのです。

この接辞化が英語でも生じているのです。saw him のような動詞句内では接辞化が生じ saw-him のように，二つの語が結合し一つの語になっているのです。ということは，saw him という動詞句は，見た目には2語からなっているように見えますが，実は一つの単語であるということになります。NSR は二つの語でできた句に適用する規則ですから，この場合は適用できないことになります。結局，saw him では接辞化が起こり，[sɔ́əm] のように発音されるのです。

目的語代名詞が動詞と結合して一つの語になる現象は，イタリア語では普通に起こる現象です。たとえば次の例を見てくださ

い。

(3) Vorrei scriver*gli*.
    (want-I write-him)
    'I want to write to him.'

イタリア語では主語が代名詞の場合には表示しませんので，まるで動詞から始まる言語のように見えます。動詞には，主語が一人称単数であることを示す語尾変化が出ていますので，主語が表示されなくてもわかるのです。不定詞の scrivere「（手紙を）書く」という動詞の直後に英語の him に当たる代名詞 gli が現れています。この場合は，動詞に接辞化され一つの語になっています。

2. 代名詞の文法的特徴

　弱形代名詞には接辞化が適用されなければならないという特徴は，代名詞の文法上の特徴でもあります。この特徴は句動詞の文法現象の説明に有効です。call up という句動詞を例に取ります。up は副詞とされていますが，それは機能の呼び名であり，形式上の呼び名としては不変化詞（particle）と呼ぶことにします。次の例を見てください。

(4) a.　John called Mary up.
    b.　John called up Mary.

(5) a.　John called her up.
　　b.　*John called up her.

目的語が名詞句の場合は，(4) が示すように目的語と不変化詞の語順はいずれでも文法的ですが，目的語が代名詞になると (5) で示すように called up her の語順は非文法的です。

この現象は接辞化で簡単に説明できます。(4) では目的語が弱形代名詞ではないので接辞化は必要ありません。ですから，いずれの語順でも文法的です。一方，(5) では目的語が弱形代名詞ですから接辞化が生じなければなりません。しかし，(5b) では called と her の間に up が入っており，接辞化を妨げています。接辞化は格を与える要素である他動詞と前置詞に適用されるものであり，不変化詞 up は格を与えないので，up に接辞化はできません。したがって，この文は弱形代名詞の必須条件である接辞化が生じていないので非文法的だということになります。

この現象の説明は，情報構造 (information structure) で説明できるとされていました。代名詞は旧情報なので，新情報 (new information) が現れるべき文末に現れてはならないという説明です。しかし，これは単純に間違いです。(5b) の非文法性が文末に旧情報の代名詞が現れていることにあるというのなら，I saw him. や Mary looked at me. も非文法的になってしまいます。

なお，強形代名詞の場合は接辞化が適用されませんから，次のような例が存在します。

(6) a. Janice called up *only him*.

b. Janice called up *him and her*.

c. Janice called up *HIM*.

(6a) では only という強意を示す語が him に付いているので，弱形代名詞ではなく強形代名詞です。そのため，up の後でもいいのです。(6b) では，him と her が接続詞 and でつながれていますから弱形発音にはなれません。(6c) では強調が him に置かれているので強形代名詞です。したがって，接辞化は不要です。

英語には let-go 構文とでも呼ぶべき John let go of me. のような構文があります。この構文はもともと次のような構造をしています。

(7) John [$_{VP}$ let [$_{VP}$ go me]]

動詞 go の主語はもともとは go の補部の位置にあります。(第 8 章を参照。) でもこのままでは，go が自動詞なので me に格が与えられないだけでなく，go が格を与える動詞ではないので接辞化もできません。なので，このままでは非文法的になってしまいます。接辞化を可能にする他動詞 let は存在しますが，それと me の間に格を与えることができない自動詞 go が介在しています。そのため，弱形代名詞 me が接辞化の適用を受けることができません。そこで仕方なく，格を与え接辞化を可能にするために虚辞の of (Expletive *Of*) を挿入するのです。この場合の of に意味はありません。そのため，虚辞の of と呼ばれます。

目的語が弱形代名詞でなければ接辞化の必要はありませんから，of が入らない場合もあります。

(8) a.　... he simply let go a laugh of sheer pleasure.

(*Deep Space 9: Emissary*, p. 193)

　　b.　"On my honor as a Ferengi," Nog said somberly, then let go a low, braying laugh.　　(Ibid., p. 204)

このように英語の代名詞には，接辞化というヨーロッパの言語に共通する特徴が現れているのです。

3.　存在文の there の品詞・発音・意味

基本的な語である there や that は，あまりにも基本的であるがためにそのすべての意味や語法を知っているように錯覚しがちです。there や that の知られざる特徴を見てみましょう。

物がどこかに存在することを表す文を存在文と呼び，There was a book on the table. のように there という語が用いられます。この there は副詞だと思われていることが多いようですが，副詞ではなく名詞です。上の文を疑問文にすると Was there a book on the table? のように主語助動詞倒置を起こします。主語になれる要素は基本的には名詞ですから，存在文の there は名詞だといえます。

存在文の there の発音は強勢を持たず，発音は [ðə(r)] あるいは [ðɚ] のように表記され，アクセントを持たない [ə] が用いら

れます。([ə] という発音記号はアクセントを持たない母音を表していますから，bird というような語の発音記号を [bə́:rd] と表記するのは正しくありません。オクスフォードやロングマンの英英辞典では [bɜ:d]（イギリス英語），[bɜd]（アメリカ英語）と表記されています。）副詞の there の発音 [ðέə] あるいは [ðέɚ] とは発音が異なるのです。映画 *Harry Potter and the Philosopher's Stone* (HPPS) に次のような台詞の場面があります。

(9) "Platform 9 3/4"? But, Hagrid, there must be a mistake. This says platform 9 3/4. There's no such thing, is there?"

Harry が Hagrid に連れられて King's Cross 駅の中にある陸橋の上での台詞です。ここに存在文の there が3回出てきますが，最初の2回の there の発音はいずれもきわめて弱く発音されており，ほとんど弱形の定冠詞の発音 [ðə] のように発音されていることがはっきりわかります。(3つ目の there は文末にあるので強く発音されているように聞こえます。)

また，存在文の there に意味はありません。副詞ではないので「そこに」という意味はありません。それが証拠に次のような例があります。

(10) a. One thing was certain, there was no television in there. (HPPS: 52)

　　 b. "... As there is little foolish wand-waving here, many

of you will hardly believe this is magic. ..."

(HPPS: 150)

(10a) には同一文中に there が 2 回,(10b) では同一文中に there と here が用いられています。いずれの場合にももし存在文の there に「そこに」のような意味があれば,(10a) では「そこにそこにテレビはないことは確かだった」,(10b) では「そこにここにばかげた魔法の杖振りのようなことはやらないので」のような奇妙な意味になってしまいます。存在文の there に意味はないのです。

4. that の意味の there,this の意味の here

　存在文の there が名詞だとしましたが,there とともに here にも名詞ではないのかと思われるような使い方があります。there や here は thereby とか hereby のように前置詞と複合語を形成することがあります。これらの単語の意味はなかなか覚えにくいものですが,これらの複合語に現れる there や here は前置詞の目的語なのです。

　thereby は by that,hereby は by this の意味です。ですのでこれらの単語の意味は単に there を that に,here を this に置き換えて前置詞の目的語であると解釈すれば容易に理解できるのです。このように考えれば,therefore, therein, thereupon などすべて単純な前置詞＋目的語としてとても容易な単語として覚える

ことができます。

　この一件奇妙に見える語は，代名詞の接辞化の一種で，前置詞の目的語が代名詞なのでそれが前に移動し前置詞と一体になったわけです。ドイツ語に damit（「それとともに，それを持って」），dafür（「そのために」）のような語がありますが，いずれの場合も da が there に当たる名詞で，mit は with，für は for に当たる前置詞です。

　このように見てみると there と that，here と this はとても関連のある語であるということに気づくことができます。

5. this の意味の that

　存在文の there と同様，指示を表す that にも知られていない用法があります。that は普通，離れた位置にある物を指すときに使います。近くの場合は this を用いることは中学校で習う基本中の基本です。しかし，that には離れたところではなく，手が届くぐらいの位置にある場合にも用いることがあります。次の例を見てみましょう。

(11) 　Harry: 　Hagrid, what exactly is that?
　　　 Hagrid: 　That? It's ....
　　　 Ron: 　I know what that is! But, Hagrid, how did you get one?　　　　　　　　　　　(HPPS)

これは，Hagrid の部屋の中で机の上に置かれたドラゴンの卵

を囲んで交わされる会話です。Harry, Ron, Hermine の目の前，手の届く位置にドラゴンの卵があります。このような場合，日本語なら，絶対に「ハグリッド，これって一体何？」のように that の部分を「これ」と訳します。実際，日本語吹き替えでは「ねえ，ハグリッド。これ一体何なの？」となっています。

　ちなみに，(11) の Hagrid の台詞で，That? となっている部分は少し注意が必要です。ドラゴンが大好きな Hagrid にとってその卵は珍しい物ではありません。つまり心理的に遠くないのです。その心理的に遠い物でないドラゴンの卵に対して Harry が心理的に遠い物を表す that を使ったことをいぶかっているのです。つまり Hagrid の心理を描写すると「なんだハリー？ おまえさんこのドラゴンの卵に対して that で表現するのかい？」という心理が疑問となって出ているのです。日本語吹き替えでは「こつはなあ，なんちゅうか」，字幕では「こいつは，その ...」となっていて，Hagrid が That? といった心理が十分表現できているとはいえない物になっています。もちろん，字幕翻訳というのは字数などが制限されていて上のように長く説明することはできませんから仕方がないのですが。

　また，同じ映画の後のほうで次のような台詞が出てきます。

(12)　Harry:　　Hagrid, what is that?
　　　Hagrid:　　What we're here for. See that? That's unicorn blood, that is.

これは，指ですくった一角獣の血を Hagrid が Harry たちに見せ

る場面です。この場合も，日本語なら See that? の部分は絶対に「これを見ろ」になり，that は「これ」と訳します。

　普通 that は空間的に離れたところを指すわけですが，実は空間的にはきわめて近くにあるが「心理的に」遠いところにあるものは that で表すのです。(11) の例では，ドラゴンの卵など見たこともない Harry たちにとって，手が届く距離にあっても心理的に遠い存在なので that を用いているのです。(12) の場合も unicorn（一角獣）の血は滅多に見ることがないものなので，指先についているにもかかわらず心理的に遠い存在なので this ではなく that を用いているのです。

　この that の用法は映画『プラダを着た悪魔』(*The Devil Wears Prada*) の中にも出てきます。

(13)　Nigel:　Who's **that**?（これ，誰？）
　　　 Emily:　**That** I can't even talk about.
　　　　　　　（話す気にもならないわ）

最初の Nigel のセリフは Andy のすぐ隣で発せられたものです。すぐ隣ですから，日本語なら当然「これ」を用いますから this を用いる所だと思います。ところが実際には that になっているのです。ファッション界の先頭を行く雑誌 *Runway* で勤務する Nigel にとって Andy の服装はまったくファッションとは言えないようなひどいものに映ったのでしょう。そのため自分とは「心理的に遠い」存在だということで that を使っているのです。

　この this の意味の that は，一般の辞書の中にも書いてあるも

のもあるのです。しかし，上のようなしっくり来る例が示されておらず，やはり距離的に遠いもののことしか出てきていません。映画の英語，やはりとても役に立つ教材だと言えます。

第 7 章

見えないモノの存在
―痕　跡―

文には目に見えない要素が存在します。目に見えないのですから一般的には認識できるはずはないのですが、母語話者にはその存在が無意識に認識されているものがあります。このことが文の発音や解釈に大きく影響を及ぼし、英語の母語話者と英語学習者における大きな相違になっていることがあります。

目には見えないが何となくあるような気がする要素がありますね。それらに次のような疑問が出てきます。

1. 文には見えない、聞こえないけど存在するものがある？
2. is や to の発音はいつも同じか？
3. is が短縮形's にできないときがある？
4. want to はいつも wanna にできるの？
5. I love to. とかの to って必要なの？
6. 文に動詞がないものがある？

1. 痕跡という存在

逆説的質問があります。以下の英文中に目に見えない要素が見えますか？

(1) a. That's what it was in the medicine bottle.
    b. What's the weather like this morning?

(1a) には was の後に, (1b) では like の後に目に見えない要素があります。母語話者はこの目に見えない要素を認識できるので, was と like の両方に強勢が置かれることを知っています。

これらの文はもともと以下のような構造をしています。

(2) a. That's [___ it was ***what*** in the medicine bottle].
    b. ___ the weather is like ***what*** this morning?

what という語が was や like の後ろの位置にあって, 下線部の位置に移動してできたものが (1) の文なのです。したがって, was と like の後に what が残した痕跡 (trace) と呼ばれる目に見えない要素が存在します。この痕跡が認識できないと, (1a) なら発音の面では, was を弱形 (weak form) で [wəz] のように誤った発音をしてしまい,「それはその薬の瓶の中に入っていた」のような誤った解釈をしてしまいます。(1b) だと like を弱形で発音してしまい,「今朝のように」のような誤った解釈をしてしまいます。

2. Be 縮約

以下の二つの文は, where と when が元どこに存在したかにより, is が縮約 (contraction) で, isn't のようにできるかどうかという点で異なります。

(3) a. I don't know ***when*** the concert is in the hall.

b. I don't know ***where*** the concert is on Friday.

場所（place）と時間（time）の要素を同時に文中に配置する場合は，場所→時の順に配置します。したがって，元の構造は（4）のようになります。

(4) a. I don't know ___ the concert is in the hall ***when***.
    b. I don't know ___ the concert is ***where*** on Friday.

この構造に wh 移動（wh-movement）を適用して where と when をそれぞれ下線部に移動すると，(5) のように *t* で示される痕跡を含む構造ができます。

(5) a. I don't know ***when*** the concert is in the hall *t* .
    b. I don't know ***where*** the concert is *t* on Friday.

すると (5a) では [$_{VP}$ is [$_{PP}$ in the hall]] のような構造が，そして (5b) では [$_{VP}$ is *t*] のような構造ができます。前者では，is が核強勢規則の α，[$_{PP}$ in the hall] が β になるので，is が弱形になります。一方，後者では，痕跡は音を持っていませんので核強勢規則は適用できず，is が強形のまま残ります。したがって，結果として (6) のようになります。

(6) a. I don't know ***when*** the concert's in the hall *t* .
    b. *I don't know ***where*** the concert's *t* on Friday.

このように目に見えない要素の痕跡を認識できるかどうかで縮

約の可能性が予測できるのです。痕跡の直前の語には強勢が来ますから，感嘆文 How tall Jane is! の場合にも is の後ろに how tall が残した痕跡があるため is が強形で発音され，*How tall Jane's! のように縮約すると非文法的になることが説明できます。また，***What*** are you looking at *t*? や ***Who*** were you talking to *t*? のような場合に，痕跡の前にある前置詞がいずれも強形で発音されることも同様に説明できます。

3. Wanna 縮約

be 動詞の縮約 (*Be*-contraction) 以外の縮約にも痕跡は役立ちます。口語英語では want to を wanna という縮約形にする wanna 縮約 (*Wanna*-contraction) があります。たとえば，I want to do it. という文は want と to が並んでいるので I wanna do it. のようにすることができます。

では，want と to が並んでさえいればいつも縮約ができるでしょうか？ 以下の文を見てください。

(7) a. Who do you want to see?
    b. Who do you *wanna* see?
(8) a. Who do you want to come to your party?
    b. *Who do you *wanna* come to your party?

(7a) に wanna 縮約を適用すると (7b) のようになり，文法的な文になります。しかし，(8a) に wanna 縮約を適用すると (8b)

のような非文法的な文が生成されます。

この事実も痕跡を用いれば説明できます。(7a) と (8a) に痕跡を補うと (9) のようになります。

(9) a.　Who do you want to see *t* ?
　　 b.　Who do you want *t* to come to your party?

(9a) では want と to の間に痕跡がないので wanna 縮約が可能です。see の後ろに痕跡があるので，文頭の who は see の目的語であると解釈できます。しかし，(9b) では want と to の間に痕跡があるので，wanna 縮約をかけてしまうと文頭の who が不定詞の主語であるということが不明になり，非文法的になるのです。

痕跡の直前の語は強勢があることが be 縮約や wanna 縮約の説明に用いられることを見たわけですが，want と to の間に痕跡がある (9b) のような文の場合，実際にはどのように発音されるのかを示してくれるいい例があります。以下の文は映画 *Working Girl* の中の台詞です。

(10)　Tess, you know, you don't get anywhere in this world by waiting for what you want to come to you.

what が残した痕跡が want と to の間にあるはずですが，映画の音声では want にかなり強い強勢を置いて発音しています。もちろん，この文を what you wanna come to you とすることはできません。

第7章 見えないモノの存在　119

　文の正しい発音には，表面に見えている要素だけでは十分ではなく，文の構造や句の構造の認識が重要で，さらに今回見た痕跡のように，目に見えない要素を認識することも重要なのです。

　目に見えない痕跡を認識するためには，表面的な文を見ているだけでは不可能で，移動された要素が元はどこにあったのかを認識する必要があります。つまり，文の派生を元の状態から表層の状態に至るまでを認識する多階層分析（multi-level analysis）が必要なのです。

　かつて変形生成文法（Transformational-generative Grammar）と呼ばれた文法理論で言う深層構造（Deep Structure）や表層構造（Surface Structure）などの考え方はまさにこの多階層分析なのです。深層構造とか表層構造とかの用語は現在のミニマリストアプローチ（Minimalist Approach）では存在しませんが，重要なのは用語ではなく，多階層分析であり，この基本概念は今も有効なのです。

　文には目に見えない痕跡を含む文とその認識の重要性を見てきました。疑問文 Who did you see? には see の後ろに who が残した痕跡があります。痕跡は移動規則により形成される要素ですが，移動とはコピー（Copy）と削除（Deletion）なのです。つまり，上の文では see の後ろにあった who が文頭の位置にコピーされて，元の who は音形が削除されたのです。したがって，正確にこの疑問文を表記すると Who did you see who? のようになるのです。痕跡以外にも音形が削除され目に見えなく（耳にも聞こえなく）なった要素があります。それらのいくつかを見てみま

4. 動詞句削除

英語の一つの特徴は，省略現象が多いということです。文中に同一要素が現れると，後で出てきたほうをなるべく省略しようとするのが英語です。英語では Is this a fish? という疑問文に対して Yes, it is. のように答えるのが普通ですが，フランス語やドイツ語ではあり得ない表現です。この応答文に現れているのが動詞句削除（VP-Deletion）という現象です。見た目に動詞句が削除されたように見えるのでかつては削除という表現が用いられましたが，今では動詞句の音形が削除されたと考えます。

be 動詞の場合は少しわかりにくいので，先に You can come here if you want to. で見てみましょう。この文の不定詞 to の後には，その前にある come here という動詞句と同じものが存在します。明示的に表記すると次のようになります。

(11)　You can [$_{VP}$ come here] if you want to [$_{VP}$ ~~come here~~].

不定詞 to は助動詞的な要素で動詞句の外に位置するため削除されずに残ります。

音形が削除される場合には，削除されたことが明確になるように助動詞，あるいは不定詞の to のような助動詞的な要素が残る必要があります。be 動詞は本動詞であり助動詞でもあるので，次のようになると考えられています。

第7章　見えないモノの存在　121

(12)　A:　Is this a fish?
　　　B:　Yes, it is [~~VP~~ *t a fish*]

もともと本動詞であった is は動詞句内にあり，助動詞として働くために助動詞の位置に移動します。その後動詞句全体が削除されるわけです。したがって，*Yes, it. のような表現はあり得ないのです。

文中に助動詞が存在せず動詞句内に本動詞のみがある場合は，英語固有の助動詞 do が出てきて，その後ろに動詞句が存在することを明示的に示します。

(13)　A:　Do you have a car?
　　　B:　Yes, I do [~~VP~~ have a car].

英語にはこのような削除規則があり，この規則が適用される際には削除される動詞句の存在を明確に示すマーカーが必要です。そのため助動詞 do のような他の言語には存在しない要素が必要になるのです。

痕跡の場合と同様，音形が削除された直前の要素には強勢が置かれます。ですので，(11) の to，(12B) の is，(13B) の do はそれぞれ [tʊ], [ɪz], [dʊ] のように強形で発音されます。

5.　空所化と疑似空所化

and のような等位接続詞で二つの文が連結されている構文で，

後の文の動詞が削除される場合があります。次のような例です。

(14) a. John ate meat, and Harry fish.
   b. The mountains around the school became icy grey and the lake like chilled steel.

(*Harry Potter and the Philosopher's Stone*, p. 196)

(14a) では Harry と fish の間に ate が，(14b) では lake と like の間に became が省略されています。これらの文の省略された動詞の部分を空所 (gap) と呼び，このような構文を空所化と呼びます。

いずれの例も，痕跡と同様に空所の部分にポーズが置かれ，省略された箇所を明示的に示します。この音形を持たない要素も認識されないと正しく文を解釈することも発音することもできません。

このような省略現象は，次の例文に見られるようにさらに複雑な省略を見せることもあります。

(15) a. One boy may eat pastries and the other boy ___ drink fruit juice.
   b. I want to try to begin to write a novel, and Mary ___ a play.

(15a) では ___ で示された空所の位置に助動詞 may が，(15b) では wants to try to begin to write のようにきわめて複雑な要素が省略されています。いずれの場合にも，空所の存在が文の理解

や発音に大きく影響してきます。

さらに，空所化の一種に疑似空所化（Pseudo-Gapping）というものまであります。

(16) a. John will select me, and Bill will ___ you.
  b. John spoke to Bill and Mary should ___ Susan.

(14) のような空所化が動詞そのものを空所化するのに対して，(16) の例は助動詞を残して本動詞のみを空所化しているものです。（ただし，(14) に比べて (16) は容認度が下がるようです。）(16a) の例できわめて明確になりますが，Bill will you の部分の発音はきわめて特徴的です。will はその直後に空所があるので強形で発音されます。そして目的語の you は接辞化が不可能なため強形で発音されます。このような事実は空所の存在の認識がなければ理解されないことでしょう。

6. 寄生空所

1980 年頃には英語の構文はもうほとんど発見し尽くされたと思われていました。しかし，その後，寄生空所（Parasitic Gap）という空所があることが明らかになりました。次の例文を見てください。

(17) a. ... he'd found something he could do without being taught ...

(*Harry Potter and the Philosopher's Stone*, p. 162)
   b.   ... without PRO being taught *t* ___ ...

(18) ... such a deep scowl of malice and ill-humour, as it was difficult to meet, without feeling something the worse for.   (Charles Dickens, *The Pickwick Papers*)

(17a) の文では (17b) に示したように，taught の後ろに間接目的語と直接目的語の空所があります。間接目的語は受動化され being の前に主語 PRO（PRO は動名詞や不定詞の音形を持たない主語名詞句）として存在しますので，残っている空所は痕跡です。この痕跡の直後の空所を寄生空所と呼びます。(18) では前置詞 for の直後の空所が寄生空所です。

このような寄生空所は発音の上では問題になりませんが，その存在が認識されないと文の正しい意味解釈や文法性の判断ができなくなります。次の文を見てください。

(19) a.   Which paper did you file *t* without reading ___ ?
      b.   *John filed the paper without reading ___ .

どちらの文にも reading の後に目的語がありませんが，(19a) が文法的であるのに対して (19b) は非文法的です。前者には file の後に wh 移動が残した痕跡があり後者にはありません。寄生空所という名前は，主節内に wh 移動により残された痕跡があり，その痕跡に「寄生」しているところから来ています。主節内に wh 移動により残された痕跡，これを真空所（real gap）と呼びま

すが，この痕跡がないと寄生空所は存在できません。

　痕跡同様，今回見た空所の存在は発音の面だけでなく意味解釈の面でも重要な役割を果たします。そして，これらの要素の存在は目に見えず耳に聞こえない存在ですから，子供が母語を獲得する際に，親から習うということはあり得ないという意味で，言語獲得の面でも重要な意味を持ちます。

第 8 章

自動詞の多階層分析
― 4 種類の自動詞 ―

文型とは動詞の後ろにどのような要素が現れるかによって動詞を分類したもので，SV, SVC, SVO, SVOO, SVOC のように五つのパターンに分けて基本 5 文型としています。この中の SV 構文に多階層分析を適用すると，第 1 構文をとる動詞にもいくつかあることがわかります。

自動詞は簡単そうで，結構疑問が出てきます。

1. 同じ動詞で自動詞と他動詞，両方あるのはなぜ？
2. This book sells well. の well はなぜ必要？
3. 意味が受動態と似た自動詞があるけど。
4. 自動詞で there 構文になれないものってあるの？
5. 同族目的語って何？

1. 他動詞から自動詞へ

SV の構文をとる動詞は自動詞であるとされています。自動詞は John slept/laughed/cried. のように，主語のみを必要とする動詞と見なされています。確かにこれらの動詞は John が主語だと言えます。しかし，自動詞の中には異なる特徴を持っているものがあります。

sink という動詞は他動詞と自動詞両方の用法があります。以下の例を見てください。

(1) a. The terrorists sank the ship.
　　b. The ship sank.

(1a) の他動詞用法の sink と (1b) の自動詞用法の sink の間には明らかに関係が見て取れます。他動詞の目的語であった要素が自動詞の主語になっているのです。(1a) では船を沈めた原因が明確にわかっており主語として現れています。(1b) の場合は，船を沈めた原因が不明であるため主語を表記できません。そのため本来は sink の目的語であった要素が主語の位置に移動したのです。

(2) a. ＿＿ sank [$_{NP}$ the ship].
　　b. [$_{NP}$ the ship] sank ***t***.

(2a) の他動詞はもともと (<u>Agent</u>, Theme) という項構造を持っていますが，補部である the ship に対格を与える能力を失うと，主語に Agent の意味役割を与える能力も失います。このままでは，the ship に格が与えられないので，主語の位置に the ship が移動し主格をとるのです。このようにしてもともとは他動詞だったものが自動詞に変化するのです。このような動詞を能格動詞 (Ergative Verb) と呼びます。

　この分析は多階層分析の一つです。元の構造は (2a) に示されている他動詞のような構造から，(2b) のように移動規則の適用により，もともとは目的語であった要素が主語になったわけです。

能格動詞とよく似た特徴を持つものに中間動詞 (Middle Verb) というものがあります。

(3) a.　This book sells well.
　　b.　___ sells [NP this book] well.

sink の場合と同様に，もともと他動詞 sell の目的語だった this book が，(3b) のように目的語の位置から主語の位置に移動しています。この操作は能動態 (Active Voice) から受動態 (Passive Voice) をつくる操作に極めて似ています。目的語が主語に移動している点では受動態のように見え，しかし動詞の形は受動態のように be 動詞＋過去分詞にはなっていないので，能動態のように見える構文です。そのため能動態と受動態の中間という意味で中間動詞と呼ばれるわけで，能動受動文 (Activo-Passive) と呼ばれることもあります。

能格動詞と中間動詞は，その生成方法に関してはとても似ていますが，決定的に異なる点があることも事実です。前者は1回限りの出来事を表しており基本的に時制は過去形が多いのです。後者は時制が現在形で，主語の特性を表しているという特徴があります。(現在時制ということが大いに関係しています。この点については次の章で見ることになります。)

また，能格動詞には副詞が必要ではありませんが，中間動詞の場合は基本的に副詞が必要だという特徴があります。*This book sells. は非文法的であるとされます。ですが，これは情報

価値の問題であり文法性の問題ではありません。*This book sells. という文は単にこの本は非売品ではないということを述べているに過ぎず、普通の本は基本的に売買の対象になるのが当然なので、「この本は買っていただけます」とわざわざ言うことに情報価値がないので奇妙に思えるだけです。this book がとてつもなく高価で貴重な図書であるにもかかわらず、売ることもできるということが言いたいような状況でなら容認可能となります。文法性と容認可能性は別の概念です。

2. 他動詞用法を持たない自動詞

能格動詞や中間動詞のように他動詞用法、自動詞用法の両方を持つ動詞がある一方で、もともとは補部の位置に現れた名詞句がその位置では格が与えられないために主語位置に移動する動詞もあります。たとえば、go, come, arrive などです。John went to Tokyo. という文はもともと次のような構造をしています。

(4) ___ went [PP John] [PP to Tokyo].
　　　　　　Theme　　　Goal

go という動詞は（Theme, Goal）という項構造をしています。go は直後の補部の名詞句 John に格を与える能力を持っていないので、この位置にとどまることはできず主格を得るために主語位置に移動するわけです。このような動詞を非対格動詞（Unaccusative Verb）と呼びます。対格、つまり目的格を補部に与える

能力を持たないためにこのような名称になっています。

そして，sleep, laugh, cry のように元から主語として名詞句が主語位置に現れる動詞を非能格動詞（Unergative Verb）と呼びます。一番自動詞らしい自動詞なのに名称が難しいものになってしまっています。

3. 4種類の自動詞と深層構造

以上の4種類の自動詞構造をまとめると次のようになります。多階層分析における「元の構造」を深層構造，「表面の構造」を表層構造と呼ぶことを思い出していただきます。

(5)
	i. 非能格動詞	ii. 非対格動詞・能格動詞・中間動詞
深層構造	NP V	[e] V NP
表層構造	NP V	NP V t

非能格動詞は深層構造でも表層構造でも構造は変わりません。主語は基から主語の位置にあるのです。これに対し非対格動詞，能格動詞，中間動詞は深層構造では主語位置が空いていて主語になるべき名詞句は補部の位置にあります。そして，表層構造では補部の位置に痕跡が残るという構造になるのです。

このように考えると，これらの動詞における there 構文（*There Construction*）の可能性を説明することができます。自動詞ならどのようなものであっても there 構文にできるというわけではありません。cry や sleep のような自動詞は there 構文が不可能で

す。これは，非対格動詞と能格動詞は (6a) のように深層構造では主語の位置が空なのでそこに there を入れれば There arrived a man. のように there 構文ができるわけです。

(6) a. [*e*] arrived a man.　　b. John slept.
　　　 └── there　　　　　　　　 └──×── there

これに対して非能格動詞は (6b) が示すように，主語の位置が空ではないので there を入れることができません。そのため *There slept a man. のように there 構文にはなれないのです。There arrived a man. のような文は主語を動詞の後ろに倒置させてつくるのだとよく言われます。でもそれが正しければ，*There slept a man. も同様に主語を後ろに倒置させて作れるはずで，正しい文になってしまいます。

　英語には John smiled a strange smile. のような同族目的語構文 (Cognate Object Construction) があります。smile は自動詞ですから目的語はとれないはずです。しかし，smile という動詞と関係のある名詞 smile，これを同族目的語 (cognate object) と言いますが，この名詞であれば目的語にとれるのです。次の例は映画 *Harry Potter and the Philosopher's Stone* に出てくる Dumbledore のものです。

(7) I have a few start-of-term notices I wish to announce. The first years, please note that the Dark Forest is strictly forbidden to all students. Also, our caretaker,

Mr. Filch, has asked me to remind you that the third-floor corridor is out of bounds to everyone who does not wish to die a most painful death. Thank you.

(まず始めに注意事項を言っておこうかの。一年生の諸君、暗黒の森は立ち入り禁止じゃ。生徒は決して入ってはならんぞ。それから管理人のミスター・フィルチからも注意事項がある。右側の3階の廊下には近づかないこと。そこには恐ろしい苦しみと死が待っている。以上だ)

自動詞 die が,die から派生した death という同族目的語を目的語にとっています。

 同族目的語は構造上は確かに目的語ですが,機能的には副詞です。John smiled a strange smile. の場合,John smiled strangely. と同じ意味です。そのため同族目的語についている形容詞をなくしてしまうと文としては不適格なものとなります。

(8) a. *John smiled a smile.
    b. *Everyone does not want to die a death.

また,完全な目的語であれば,目的語を文頭に移動する規則,話題化の適用が可能ですが(話題化については第10章参照),同族目的語に話題化は適用できません。

(9) a. John met Cheryl. → Cheryl, John met.
    b. John died a painful death. → *A painful death, John died.   (Moltmann (1989: 301))

この現象は，同族目的語の機能が副詞であるといいましたが，様態副詞（manner adverb）が文頭に移動できないことと同じです。

(10) a. *Completely, the enemy will have destroyed the village.
b. *Painfully, John died.

この同族目的語構文がとれる動詞は（5i）の非能格動詞であり，(5ii) の非対格動詞・能格動詞はこの構文をとることができません。

(11) a. John slept a sound sleep last night.
b. *He came a strange coming.
c. *The ship sank a strange sinking.

非能格動詞は（5i）のように，補部の位置に何も存在しませんので，同族目的語を入れることができますが，非対格動詞や能格動詞では，(5ii) のように補部の位置に目的語が存在するので同族目的語を入れることができないのです。(12) にその様子をまとめました。

(12) a. John slept. → John slept a sound sleep.
b. [e] sank [the ship]. → *The ship sank [t].
　　　　　　　　　　　　　　　　　　↑
　　　　　　　　　　　　　　　　　　✗
　　　　　　　　　　　　　　a strange sinking

能格動詞の sink の場合は，(12b) からわかるように目的語の位

置に表層構造における主語 the ship が残した痕跡が存在します。ここに無理に目的語を入れると the ship の意味役割がわからなくなり非文となるのです。

第 9 章

時と様態

文は出来事を表現するものですから，その出来事がいつ起こったものなのかを表現しなければなりません。基本的に英語では動詞の語尾として表されます。出来事は現実世界において過去，現在，未来の三つの時間（time）において生じます。そしてこれらを言語で表現する際に用いる言語形式を時制（Tense）と呼んでいます。時間と時制は一対一の対応があるものと一般的には思いがちですが，時間と時制は別の概念で，常に一対一対応があるわけではありません。時間や時制の表し方には多くの疑問がありますね。

1. take の過去は taked ?
2. go の過去形はなぜ went?
3. is や are なのになぜ be 動詞って言うの？
4. 現在形って現在のことを表しているの？
5. 英語には未来形ってあるの？
6. will は未来なのになぜ過去形があるの？
7. 三単現の -(e)s って何？
8. 進行形はなぜ be 動詞 + V-ing 形なの？
9. 助動詞の is とか have はどうしてできたの？
10. 現在進行形が表す時間帯は今だけ？
11. 今やっていないのに進行形？
12. 完了形はなぜ have 動詞 + 過去分詞なの？

13. during って前置詞, 形は進行形じゃないの？

1. 過去時制

時制の中で過去時制は時間との対応が簡単です。たとえば, 3年前に John がロンドンを訪ねたという出来事を表現する際には, 過去時制を用いて John visited London three years ago. と表現します。動詞 visit の後に過去時制を表す -ed という語尾をつけるだけです。これは日本語でもまったく同様で,「訪れ＋た」のように,「た」という語尾を動詞につけるわけです。

(1) 英語　　— visit + ed
　　日本語　— 訪れ + た

このように規則的に特定の語尾を動詞につけて過去時制を表す動詞を弱変化動詞（weak verb）というような言い方をします。日本語は基本的にこの弱変化動詞です。

ところが英語には弱変化動詞では無く, 強変化動詞（strong verb）と呼ばれるものがあります。これは弱変化動詞のように -ed のような特定の語尾をつけるのではなく, 動詞の語幹そのものの発音を変えてしまうものがあります。簡単な例は drink—drank, take—took, eat—ate などです。中学や高校では不規則変化動詞と習った動詞です。これらの動詞に -ed はつけないのです。

英語の母語話者の言語獲得の過程を調べてみると興味深いこと

がわかります。英語の母語話者達は，最初に覚えるのは強変化動詞であり，弱変化動詞はその後での獲得になります。これは日常で生活に密着した動詞には強変化動詞が多いからです。考えてみれば，「食べる」，「飲む」，「見る」など一般生活を送る中で最もよく使われる動詞ばかりです。これらが強変化動詞であることも考えてみれば奇妙なことのように思えます。そして，母語話者の言語獲得過程においては，go の過去形を goed, take の過去形を taked のように，弱変化動詞の語尾をつけてしまう時期も一時的にあるのです。以下の例を見てみましょう。

(2) Child: My teacher holded the rabbits and we patted them.
　　Parent: Did you say your teacher held the baby rabbits?
　　Child: Yes.
　　Parent: What did you say she did?
　　Child: She holded the baby rabbits and we patted them.
　　Parent: Did you say she held them tightly?
　　Child: No, she holded them loosely.

(Cazden (1972))

(2) で下線部の holded は本来 held となるべきところです。ここでは親が子供の間違った動詞の過去形を正そうとして何回も訂正を求めているのですが，子供はなおそうとしていません。

英語の強変化動詞の中でも，go はきわめて異質です。すでに見たように，drink とその過去形の drank は，確かに不規則ではありますが，母音が変化しているだけで，その変化する母音の前後の音声は変化していません。母音 i が過去形になって a になる動詞は結構数が多いのです。ring—rang, shrink—shrank, sing—sang, sink—sank, swim—swam などです。しかし，go は違います。go の過去形が went だというのはいくら音の変化を考えたところで説明はつきません。

実は，英語には go 以外に wend という動詞があるのです。この wend の過去形が went で，時の流れの中で go の過去形として用いられるようになったのです。なので，go と went はもともと別の動詞だったのです。ですから当然のこと，音声的に似ても似つかないものになっているのです。

ちなみに，wend は現代英語では wend one's way のような文語の構文でしか用いられません。

(3) John went his way home.

be 動詞も同様に奇妙な動詞です。中学一年生で be 動詞を習いますが，最初に習うのは is や are などで，どこにも be という音が無いにもかかわらず be 動詞だと習い，奇妙に思ったものです。さらに過去時制を習うと，be 動詞の過去形は was や were だと習います。一体いつになったら be という音が出てくるのかとても奇妙に思ったものでした。be 動詞が be の形で出てくるのは to be のような不定詞を習って初めて出てきます。こ

れも不規則変化動詞だとしてもあまりにもばらばらで，どのように発音したら be が are や was になるのか皆目見当もつかなかったものです。

　これも歴史をたどれば答えはすぐに見えてきます。現代英語で be 動詞と呼ばれているものは，語源的に 3 種類の異なる動詞の寄せ集めなのです。何となくスペリングからもわかるように，am, are, is で一つの動詞，was と were がもう一つの動詞，そして be という別の動詞の 3 種類からなっているのです。したがって，am が音声的に変化して was になったわけではないのです。

(3)

be	IE *bheu （become, grow の意味）
am, are, is	IE *es- （exist の意味）
was, were	IE *wes- （remain の意味）

上の表で IE はインドヨーロッパ祖語（Proto-Indo European）のことで，実際にこの言語が実在したという証拠はないのですが，おそらくこのような発音だっただろうという予想の基に考えられているのです。実証はされていませんがおそらくインドヨーロッパ祖語ではこのようなものだっただろうということで * をつけて表します。

2. 現在時制？ 未来時制？

　過去時制は過去の出来事を表すものなので簡単に理解ができま

したが，現在時制は一体何を表しているのでしょうか？ 現在の出来事を表しているのでしょうか？次の現在時制の文は現在の出来事を表しているでしょうか？

(4) a. The sun rises in the east.
    b. I usually leave for work at 8 a.m.
    c. The coffee shop opens at 7:30 in the morning.

太陽は今日東から上ったでしょうが，昨日も，10年前も，そしておそらく1万年前も東から上っていたことでしょう。また，明日も東から上るでしょうし，10万年後も（太陽がある限り，地球がある限り）東から上るでしょう。(4b)は夜の9時にでも言うことができます。現在時制が現在の出来事を表しているのなら，明日の朝8時にならないと言えないことになります。(4c)では，そのコーヒーショップが今日定休日でも言うことができます。このように現在時制は現在の出来事を表しているのではないのです。

　では，現在時制は何を表しているのでしょうか？ 現在時制は，主語の特性を表しているのです。(4a)であれば，太陽は東から上るという特性を持っているものであるということを表しているのです。(4c)であれば，そのコーヒーショップが朝は7時半に開くという特性を述べているのです。決して現在に起きている出来事を表しているのではありません。

　現在時制は時間の指定を超越して，主語の特性を述べているので，過去・現在・未来のいずれのことも表していると言えます。

すると英語の時制は，前のセクションで見た過去時制とともに，実は次のようなものだということになります。

(5)　Tense → ±PAST

これが意味するところは，英語の時制は過去か（+PAST），過去でないか（−PAST）だということです。±Present のようにはならないのです。

そして，英語に未来時制もありません。will が未来時制だと思われているでしょうが，will は現在時制の助動詞です。will という助動詞で未来時制の意味を表しているだけで，未来時制そのものがあるわけではありません。will はあくまでも現在時制です。もし will が未来時制だというのだったら，will に過去形の would があるのはおかしいですね。フランス語には明確に未来時制があり，動詞の語尾に -rai, -ras, -ra, -rons, -rez, -ront をつけて表します。英語とはまったく違うのです。

中学校で英語を習い始めると，「三単現の s」というものを習います。主語が三人称・単数で時制が現在の時には動詞に -s または -es をつけるという規則です。奇妙な規則ですね。なぜ三人称・単数・現在の時にこのような規則があるのか不思議に思ったものです。

これには時制以外に一致という概念が関係しています。一致はいろいろな文法の側面で出てきます。たとえば，日本語の「三冊の本」を英語にすると three books のように book には複数形の -s をつけなければなりません。これは数の一致という現象が英

語にあるからです。日本語には一致がないので「三冊の本」の「本」を複数形にしないのです。「三冊の本ら」とか「三冊の本たち」などとは言いません。「百ドル」という時, a hundred dollars のように dollar に -s をつけて複数にしますが, 日本語で「百円」は英語で言う場合, a hundred yen と言うのであって, a hundred yens と複数形にしないのも日本語には数の一致がないからです。また,「ジョンは自分を嫌っている」という文を英語にすると John hates himself. のように再帰代名詞 (reflexive pronoun) と呼ばれる語を用いますが, この際 John が男性・単数形なのでそれに一致させて himself でなければなりません。myself や herself はここでは使えません。これも一致という現象があるからです。

このように英語には一致という文法現象が現在でもあるのですが, 他のヨーロッパ言語に比べると, 一致がきわめて乏しいのです。かつては英語も豊富な一致現象がありました。特に動詞の語尾に顕著に表れていました。古英語の例を perform を意味する fremman という弱変化動詞で見てみましょう。

(6)

	現在・単数	現在・複数
1人称	fremm-e	frem-aþ
2人称	frem-(e)st	frem-aþ
3人称	frem(e)þ	frem-aþ

	現在・単数	現在・複数
1人称	frem-ede	frem-edon
2人称	frem-edest	frem-edon
3人称	frem-ede	frem-edon

þ は thorn と呼ばれる古英語の時代に用いられていた文字で, /θ/ や /ð/ を表したルーン文字です。動詞は人称・数によってす

べて変化したのです。このことから，主語が三人称・単数・現在の場合には -(e)s をつけるという英文法の規則が，実は例外的な規則ではなく，昔はすべての人称・数で一致の語尾変化が現れていて，その一致の名残なのだということがわかります。

3. 進行形の構造

　時制と混同しやすい概念に相 (aspect) というものがあります。中学・高校では進行形と完了形として習ったもので，それぞれ進行相 (progressive)，完了相 (perfect) といいます。相は時制とは独立した概念で，時間的には過去・現在・未来のいずれにも現れます。

　時制のところで，現在時制は現在に起こっている出来事を表しているものではなく，主語の特性を表すものであると述べました。では現在に起こっていることを表す場合はどのようなものを用いるのでしょうか？　それが進行相，進行形と呼ばれるものです。

　中学校で進行形を次のように習いました。

　(7)　進行形：be 動詞 + V-ing

be 動詞を現在時制にすると現在進行形になり，be 動詞を過去形にすれば過去進行形になります。未来の場合は助動詞 will の後に be 動詞の原形を入れ V-ing を加えれば未来進行形になります。

　ではこの進行形，なぜ (7) のようにして作るのでしょうか？

なぜ be 動詞 + 動詞 V の ing 形なのでしょうか？ とても興味深いことですが，英語と日本語は系列的にまったく異なる言語であるにもかかわらず，どちらも同じような形式で進行形を作っているのです。

第3章で，動詞は項構造というものを持っていることを見ました。put という動詞であれば，意味が成立するために「置く人」，「置かれるもの」，そして「置く場所」の三つの意味役割を必要とするので (<u>Agent</u>, Theme, Location) という項構造を持っているというものでした。

be 動詞の項構造はどういうものでしょうか？ もともと be 動詞は存在を表す動詞でした。exist と似た動詞だったのです。exist だと「存在するもの」と「存在する場所」が必要となります。したがって，以下のような項構造を持っていると言えます。

(8) exist: (<u>Theme</u>, Location)

    a. No life exists on the moon.

    b. Many problems still exist in Japan.

主語 no life や many problems は Theme として名詞句の形式で現れています。Location は前置詞句 on the moon や in Japan として現れています。

be 動詞もこの exist と同じ項構造を持ちますから，be 動詞の後には Location が現れます。次の例を見てください。

(9) a. John is <u>in the room</u>. （前置詞句）

  b. John is <u>very angry</u>.　（形容詞句）

  c. John is <u>a student</u>.　（名詞句）

(9a) では下線部を施した部分が Location であることは明白です。(9b) では Location が very angry という「心理的な場所」として形容詞で表されており，(9c) では「学生」という身分として名詞句で Location が表されています。

 このように考えると，be 動詞の項構造における Location が動詞句で表されても何も問題ないはずで，事実これが現在進行形の形になるわけです。

(10) John is <u>sleeping</u> now.　（動詞句）
   Theme Location

つまり現在進行形というのは，主語が sleeping という「場所」に存在しているということなのです。

 このことは進行形の発展を歴史的に見ても納得できるものです。古英語では次のような形式で進行形が表されていました。

(11) beon + on + -ing

  a. OE: deofles costnung biþ on tihtinge

     (the devil's temptation is   alluring)

              （ÆCHom I 174/30）

  b. Mod.E: I hope, sir, you're not a-thinking as I bear you any ill-will

            （G. Eliot, *Mill on the Floss*）

(11a) の古英語では be 動詞（biþ）の後に「場所」を表す on tihtinge という前置詞句が現れています。この場合, tihtinge は動名詞だと考えると, 進行形が最初は be 動詞＋前置詞句からできてきたことになり, (8) の項構造と同じものであると言えます。また, (11b) の近代英語の例では, a-thinking の a- は on を意味する前置詞句の名残です。これも進行形が be 動詞＋前置詞句であったことを意味しています。

まとめると, 進行形は以下のような構造をしていることになります。

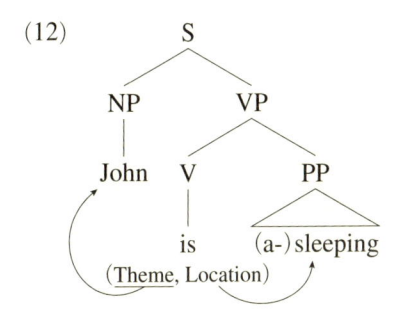

(12)
```
              S
           /     \
         NP       VP
         |      /    \
        John   V      PP
               |      △
               is  (a-)sleeping
            (Theme, Location)
```

be 動詞は (Theme, Location) という項構造を持っており, 主語に意味役割 Theme を与え, 前置詞句 (a-)sleeping に意味役割 Location を与えます。このことから, 進行形の意味は「John が眠っているという抽象的場所に存在する」ということになります。

では, 日本語の進行形はどのような構造をしているでしょうか？ (10) の文を日本語では (13) のように表現します。

(13) ジョンは眠っている。

「いる」は「居る」という存在を表す本動詞から文法化 (grammaticalization) という品詞転換により「いる」という助動詞になったものです。英語の is がもともと exist の意味を持つ本動詞だったものが助動詞の is に変わったのと同じです。そして，「眠って」は連用形という英語の V-ing と同じ役割を持った形式です。すると，日本語の進行形は次のような構造をしていることになります。

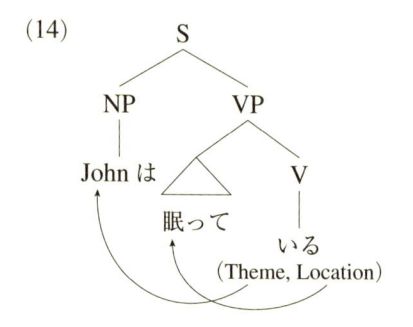

(14)
```
           S
          / \
        NP   VP
         |  /  \
       Johnは  V
           眠って |
                いる
              (Theme, Location)
```

動詞「いる」は英語の is と同様 exist，存在の意味を持つ動詞なので項構造は (Theme, Location) となります。意味役割 Theme は主語の John に与えられ，意味役割 Location は「眠って」という語に与えられるとすると，日本語の進行形も英語と同様の構造と操作により作られていることになります。

日本語の進行形には英語にはない表現があります。(13) に対して (15) のような言い方が可能です。

(15) ジョンは眠っているところだ。

この進行形は普通の (13) の進行形より強い意味を持っています。英語にこのような強い意味の進行形はありません。(14) のような構造で示すと (15) の表現は以下のような構造を持っていることになります。

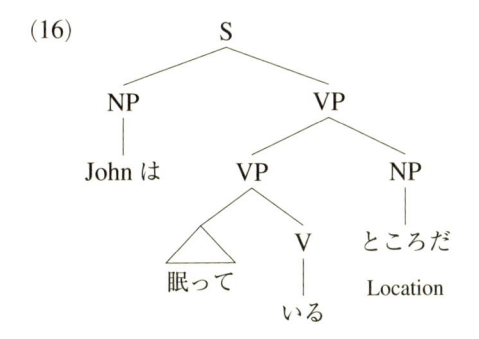

(16)
```
          S
        /   \
      NP     VP
      |     /  \
    John は VP   NP
         /\   |  |
        /  \  V ところだ
      眠って いる  Location
```

「眠っている」という出来事そのものが別の Location を意味する「ところだ」に存在するということになり，二重に Location の意味が込められることになっています。このことがより進行の意味の強さにつながっているのです。

4. 進行形とその意味

現在進行形は今起こっている出来事を表すと習います。確かにその部分もあるのですが，先ほど現在時制のところで「現在時制は主語の特性を表しているのであって現在の出来事を表している

のではない」と述べました。これに対して現在進行形は今起こっている出来事を表しているのですが，一時的な動作の進行を表しているのです。進行形は一時性（temporary）を示しているのです。現在時制と現在進行形を比較してその意味を考えてみましょう。

(17) a.　Mary is polite.
　　 b.　Mary is being polite.

(17a) では現在時制が用いられていますから，主語 Mary の「元来礼儀正しい」という特性を表しています。それに対して (17b) では現在進行形が用いられていますから，Mary の一時的な状態，つまり本来は礼儀正しくないが，理由はわからないが今だけ礼儀正しく振る舞っているということを表しています。

　概念を図で表すと次のようになります。

(18) a.　現在時制：
　　 b.　現在進行形：

現在時制は (18a) のように主語の特性が時間全体にまたがっているのに対して，現在進行形は現在を含む少し過去の時間から少し未来に及ぶ時間帯に起こる一時的な特性を表しているのです。

　次の例は映画 *Harry Potter and the Philosopher's Stone* で，Harry が初めて King's Cross 駅から Hogwarts 魔法学校行きの列車に乗ろうと $9\frac{3}{4}$ ホームへの行き方を駅員に尋ねるシーンで

(19) *Harry Potter and the Philosopher's Stone* (2001)
Harry: Excuse me. Excuse me.
Officer: On your left.
Harry: Can you tell me where I might find platform 9 3/4?
Officer: Think you're ***being funny***, do you?
Molly: It's the same every year, packed with Muggles.
Harry: Muggles?

9$\frac{3}{4}$ホームなどという奇妙なことを尋ねられた駅員はHarryがふざけているんだと思って,「何をふざけたことを言っているんだ？ 面白いとでも思っているのか？」という意味で現在進行形を用いています。

　進行形で面白いのは (18b) の図からもわかるように，いつかははっきりはわからないが過去のある時点からその行為・動作が始まっていて，これから未来にかけてもいつかははっきりわからないがある程度確実に続くことを意味しています。過去に起こった事実がこれからも起こることを予測して物事をいう場合があります。

(20) I'm always losing my things.

この文は，今現実に何か自分のものをなくしている場合には用い

なくて，自分の傾向のようなものを述べているのです。この文を言っているときにその動作は行われていません。過去によくものをなくすことが多くあって，ちょっと多すぎるとか普通より多いということを述べています。映画 *Harry Potter and the Chamber of Secrets* に出てくる次のような例を見てみましょう。

(21) *Harry Potter and the Chamber of Secrets* (2004)
 Molly: Well, that'll be Errol with the post.
 Molly: Oh, fetch it, will you, Percy, please?
 Percy: Errol.
 Ron: <u>He's ***always doing*** that.</u>
 Percy: Oh, look, it's our Hogwarts letters.
 Molly: Oh.
 Percy: They've sent us Harry's as well.
 Aurther: Dumbledore must know you're here. Doesn't miss a trick, that man.
 Molly: Oh, no.
 Fred: This lost won't come cheap, Mum. The spell books alone are very expensive.
 Molly: We'll manage. There's only one place we're going to get all of this. Diagon Alley.

Hogwarts 魔法学校から手紙を運んできた Ron の家のフクロウ Errol が，開いているほうの窓から家の中に入らず，閉まっている窓ガラスのほうにぶつかるシーンで Ron が「困ったもんだ，

いつもこうなんだ」という意味で下線部のように進行形を使っています。今起きた出来事には違いありませんが，すでに出来事としては終わっているのです。それでも現在進行形を使っています。

(21)は進行形の過去の事実を表している用法の例でしたが，実際には今はまだ起こっていなくても現在進行形で，確実に起こる未来を表すことがあるということも (18b) からわかります。次の例を見てみましょう。

(22) *Secret of My Success* (1987)

Vera:	Turn in here. Please.
Vera:	Bring those inside, Charles.
Home Boy:	May I help you with those, sir?
Vera:	<u>What're you drinking?</u>
Brantley:	I can't really. I have to get back.
Vera:	God, I hate the country.
Brantley:	Yeah, I can see how you'd be miserable here.
Vera:	Who can live with so many trees? They suck up all the oxygen.
Brantley:	No. Actually, trees produce oxygen.
Vera:	Who are you Mr. Wizard?

会社の社長夫人を自宅に送って行った Brantley が，社長夫人 Vera に促されるまま豪邸 (mansion) の中に入っていき豪華な玄

関を通って裏庭に向かう途中で，Vera から下線部のように尋ねられます。この時はまだ二人とも裏庭には着いていないので当然（酒を）飲んでもいません。しかし現在進行形で「何飲む？」のような意味で尋ねています。発話した段階ではまだ動作は行われていないのです。飲むのは今からなのです。

次の例は映画 *Working Girl* からのもので，行きつけの飲み屋に入った所での会話です。

(23) *Working Girl* (1988)
　　　Bartender:　Hey, Tess. What are you havin'?
　　　Tess:　　　Stow this behind the bar for me, will you, Tony? And I'll have a Chivas, and buy Mick one of whatever.
　　　Bartender:　You got it.

Tess はその店に入ったばかりでまだコートを脱いでいるところであることは Tess のセリフかもわかることです。まだお酒は飲んでいません。そのような状態の Tess に下線部のように進行形で「何にする？」という意味で現在進行形で尋ねています。

もう一つ映画 *Devil Wears Prada* から例を見てみましょう。次の場面は，パリのファッションショーに行くことが決まった Andrea が，ニューヨークのギャラリーで作品を見ているときに，Christian というデザイナーが声をかけてきます。Christian は Andrea がパリのファッションショーに行くことが決まったことを知りません。

(24) *Devil Wears Prada* (2006)

Christian: Hey. Hey, Miranda girl.

Andrea: Hi.

Christian: I was just thinking about you.

Andrea: Oh, come on.

Christian: It's true.

Andrea: No.

Christian: I'm profiling Gaultier for Interview. And making my Paris plans ... I found myself wondering if you were gonna be there.

Andrea: Well, actually, I am going.

Christian: Great. I'm staying at a fantastic little hotel in the seventh. Right across the street from a falafel restaurant that will change your life.

Andrea: I'm sorry, I'll be too busy working. You'll have to find someone else's life to change.

Christian: Well, that's just it. I'm beginning to wonder if I can.

上の下線部ではすべて現在進行形が用いられていますが、最初と最後の下線部分の現在進行形はよく知っている今まさに起こっている出来事を表していますが、この二つの例の間にある現在進行形は、その時点ではまだ起こっていません。特に最後から二つ目

の Christian の I'm staying というのはパリの7番街のホテルに宿泊することになっているというもので，実際にはまだ起きていない出来事です。

5. 完了形の構造

現在完了形を習ったときに，現在進行形と同様に，作り方の規則を習い，それを覚えました。

(25) 完了形：have 動詞 + V-en

助動詞 have を現在形にして，本動詞 V の過去分詞を続ければ現在完了形，have 動詞を過去形にすれば過去完了形，助動詞 will の後に have 動詞 + 過去分詞を続ければ未来完了形になります。前の進行形の時と同じように，一体なぜ (25) で完了形が表されるのでしょうか？

完了形の場合も進行形で be 動詞がそうであったのと同様に，have 動詞は本動詞でした。古英語における現在完了形は以下のようなものでした。

(26) Ic hæbbe hine gebundenne.
　　 (I have   him bound)
　　 'I have bound him.'

現代英語なら gebundenne (bound) の目的語 hine (him) はこの動詞の後ろに出てくるのですが，古英語はドイツ語に近い構造を

持っていましたので，このような語順になるのです。ドイツ語では現在でも完了形を作る際に have 動詞と過去分詞の間に目的語だけでなく副詞や前置詞句もはさむのです。

(26) には現代英語には見られない面白い現象も現れています。それは目的語一致（Object Agreement）という現象です。一致現象は，一般的に現代英語においては主語と動詞の間で起こる主語一致（Subject Agreement）しかありませんが，古英語の時代には現代フランス語などに普通に見られる目的語一致という現象を見せています。(26) の例でいうと，主語 ic は動詞 hæbbe と主語一致を起こしています。そして，hine は gebundenne の目的語なのですが，その動詞の前に位置していて，この hine と gebundenne がまるで主語・動詞のように一致を起こしているのです。gebundenne の語尾が -ne になっていることがそれを示しています。

このような古英語の完了形を見てもわかるように，完了形は過去分詞に続く部分，動詞句の部分を have という本動詞が「所有している」という意味なのです。

(27) John has visited Boston.

上の例でいうと，John は過去に visit Boston したことがあって，そのことを has しているという意味なのです。

本動詞の be 動詞は (Theme, Location) いう項構造を持っていましたが，have はどうでしょうか？ John has a car. という本動詞 have の文は，a car が I の「ところ」でとどまっているとい

うことを表しています。ですので，本動詞 have は (Location, Theme) という項構造を持っていることになります。したがって，(27) の完了形は以下のような構造になっているのです。

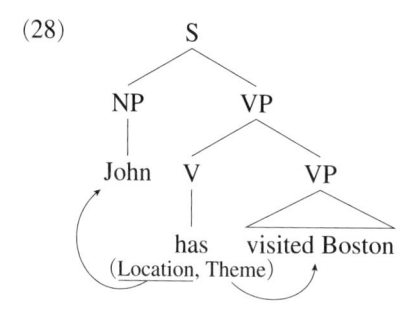

(28)
```
            S
          /   \
        NP    VP
        |    /  \
      John  V    VP
            |    
           has  visited Boston
       (Location, Theme)
```

進行形のところでもやったように，日本語の完了形の作り方についても考えてみましょう。I have finished my homework. という文を日本語に訳すと「私は宿題を終えたところです」となります。「私は宿題を終えました」はただの過去形です。日本語の完了形で面白いのは「～したところ」のように，過去形の「～した」がはっきり表面に現れていて，しかも「ところ」という心理的な場所を表す語が用いられている点です。

6. 完了形の意味

現在完了形が (28) のような構造を持っているとすると，現在完了形は時制的にはただの現在だということになります。現在時制は主語の特性を表すものですから，その主語は現存していなけ

ればなりません。したがって「アインシュタインはプリンストン大学を訪れたことがある」という文は現在完了形で表すことはできません。

(29) a. *Einstein has visited Princeton.
　　 b. 　Einstein visited Princeton.
　　 c. 　Princeton has been visited by Einstein.

アインシュタインという物理学者は死去していますから現在完了形の主語にはなれないのです。したがってアインシュタインの過去の経験を話したいときには単純過去形を使うしかないのです。ちなみに，非文法的な (29a) に受動態をかけた (29c) は文法的になります。Princeton 大学は今も存在するからです。

　完了形は過去の出来事を現在という時間と結びつけている表現です。過去形のイメージと比較して図で表すと以下のようになります。

(30)
a. 現在時制：
```
            過去      現在
      ─────●────────●──────→ t :
           E・R       S
                          I visited London.
```
b. 現在進行形：
```
            過去      現在
      ─────●────────●──────→ t :
            E         R・S
                          I have visited London.
```

この図で E は Event Time といって出来事が起こった時間を表しています。S はその出来事のことを話している時間で Speech Time を表しています。R は Reference Time といって，その時

点から出来事を見ているという一種の基準時間を意味します。(30a) は出来事が起こった時間 E と基準時の R が同じ過去の出来事の時間にありますから，過去の出来事を過去の出来事とみていることになります。過去に London を尋ねた経験を単なる過去の出来事として表現しているわけです。これに対して，(30b) では過去の出来事，I visited London. を現在の時点に基準時 R を置くことで，現在と結びつけて表現しているわけです。つまり，過去に London を尋ねたという出来事を現在の経験として表現しているわけです。

小学校の時，学校から帰ってきたとしましょう。昨日買ってきてもらったゲームを実はしたくてしたくて仕方がありません。でも帰ってきてすぐにゲームをするなんてことをしたらお母さんにしかられます。そのため，帰ってきておやつなど食べてから「宿題があるので宿題する」と言って自分の部屋に行きます。宿題はあるにはあるのですが 10 分もすればできる程度のもので，ものの 5 分少々で宿題は終えました。その後ずーと夕食の 6 時半頃までゲームをこっそりやっていたとしましょう。6 時半頃になり下からお母さんが「ご飯よー」と声をかけてくれました。そこで下に下りていって次のどちらの表現で言った方がいいでしょうか？

(31) a.　I finished my homework.
　　 b.　I have finished my homework.

(31a) のように過去形で言ってしまうと，今下りてきた以前に宿

題を終えていたことを言ったことになり、お母さんに「終わってから今まで何していたの？」と尋ねられかねません。でも、(31b)で答えれば、宿題を終えたという過去の事実を現時点まで引っ張ってきていることになるので、今の今まで宿題をやっていたという意味になり「えらかったね」って褒められることになります！？

これが過去時制と現在完了形の違いです。両方とも過去の出来事を表していることに差はないのです。出来事を終わった過去のこととしてとらえているか、現在と過去の出来事を関連づけてとらえているかの差なのです。

7. 文法化という現象

セクション3では、進行形の成り立ちについて、本動詞であったexistの意味を持つbe動詞が助動詞に転換する操作について述べ、この操作を文法化と呼びました。これは一般的な意味を持つ内容語（content word）が文法機能を担う語、機能語（function word）に変化することを意味します。このような操作は、本動詞→助動詞をはじめとし、英語のいろいろな語について起こっています。

前置詞と言われれば一般的にin, on, at, toなどを思い浮かべます。でも、duringなどが出てくると、「これって動詞の進行形じゃないの？」って思いませんでしたか？ ほかにもconcerningとかconsideringなどは辞書で調べると前置詞としての項目があ

ります。during は dure「続く」という意味の動詞が進行形になり前置詞として用いられるようになったのです。past という前置詞ももとは動詞 pass の過去分詞から出てきたもので except という前置詞も同様です。

　不定詞の to を学んだとき，前置詞と同じスペルなのに意味も役割もまったく違うと思いませんでしたか？　これも文法化の一つで，もとはやはり前置詞だったのです。I want to leave. という文はもともと次のようなものでした。

(32)　I want [PP to [NP leave]]

to は前置詞で，その目的語に原形不定詞の名詞的用法 leave をとる前置詞句だったのです。「私は出て行くことに対して欲している」というような意味でした。

　現代英語では助動詞として扱われている進行形や完了形で用いる have や be ももともと本動詞だったのです。文法化によって助動詞に発展したのです。助動詞と言えば can, may, will などの法助動詞 (modal auxiliary) も元は本動詞でした。can は「知っている」という本動詞だったものが，「知っている」のなら「できる」に変化したものなのです。may はもともとは「可能」を意味する本動詞だったものが，「可能」なのなら「可能性」があることになり，「許可」につながってきたのです。

第 10 章

語順の変化
―話題化・左方転移・右方転移―

英語には語順を変える規則が数多く存在します。それらの規則の中で，もともとは文の途中か後ろのほうにあった要素が主語より前に現れることがあります。倒置（Inversion）と呼ばれる操作です。倒置された要素は強調されているという説明がとても多いようですが，必ずしもそうではありません。倒置構文の中でもよく混同されている二つの構文を取り上げます。文における主語や目的語が本来の位置ではないところに現れる現象について次のような疑問が浮かびます。

1. 主語より前に目的が来る文ってあるの？その意味は何？
2. 文頭に移動された名詞の後のコンマは発音するの？
3. 文頭に移動された名詞を受ける代名詞があるのは何？
4. 主語より前にある名詞は話題？それとも焦点？
5. it-that の強調構文との関係は？
6. as for の構文との関係は？
7. 文末に主語が来る場合がある？

可能な限り答えを求めてみましょう。

1. 話題化と左方転移

目的語は動詞の後ろに出てきますが，ときどき（1）のように主語の前に出てくることがあります。

(1) a. Mary, I saw.
    b. Mary, I saw her.

これらの文は見た目にとてもよく似ているので同じ構文だと思われているようですが，まったく別の構文で名称も異なります。(1a) は話題化 (Topicalization)，(1b) は左方転移 (Left Dislocation) と呼ばれます。

話題化という構文は，数多くの小説や映画の台詞などに容易に観察される構文です。以下の 2 例はそれぞれ映画 *Harry Potter and the Philosopher's Stone* (HPPS) と映画 *Harry Potter and the Chamber of Secrets* (HPCS) からのものです。

(2) *Harry Potter and the Philosopher's Stone* (HPPS)
    McGonagal: Harry Potter.
    Sorting Hat: Hmmm ... Difficult, very difficult. Plenty of courage, I see. Not a bad mind either. There's talent, oh yes, and a thirst to prove yourself. ...

(3) *Harry Potter and the Chamber of Secrets* (HPCS)
    Dobby: Harry Potter. Such an honor it is.
    Harry: Who are you?
    Dobby: Dobby, sir. Dobby the house-elf.

(2) では see の補部である plenty of courage が文頭へ，(3) では is の補語である such an honor が文頭に移動されています。

(4) a. Plenty of courage, I see *t*.

　b. Such an honor it is *t*.

左方転移という構文も以下に示すように，映画などで以下のような例が容易に見つかります。下の2例は映画 *Harry Potter and the Philosopher's Stone* (HPPS) からのものです。

(5) a. Harry: 　　Snoring. Snape's already been here. He's put a spell on the harp.

　　 Ron: 　　　Oh. It's got horrible breath.

　　 Harry: 　　We have to move its paw.

　　 Ron: 　　　What?

　　 Harry: 　　Come on! Okay, push! I'll go first. Don't follow me until I give you a sign. If something bad happens get yourselves out! Does it seem a bit quiet to you?

　　 Hermione:　 The harp, it stopped playing.

　　 Ron:　　　 Aaaah. Yak! Oh.

　b. Harry:　　　What happened to the stone?

　　 Dumbledore: Relax, dear boy. The Stone has been destroyed. My friend Nicholas and I have had a little chat ... and agreed it was best all around.

Harry: But then, Flamel, he'll die won't he?

2. 話題化と左方転移の相違

　まず音声上の相違では，話題化（1a）では Mary と I の間にコンマが入っていますが，これは書記上の問題で，発音する際にポーズは入りません。(6a) ではコンマを括弧に入れています。これに対して左方転移（1b）では，Mary と I の間にポーズを入れて発音します。(6b) では PAUSE と表記しています。強勢を太字で表すと，前者では Mary に，後者では saw に置かれます。

(6) a. 話題化： **Mary**(,) I saw.
　　b. 左方転移： Mary, PAUSE I **saw** her.

コンマの有無とポーズの有無は必ずしも一致はしないのです。

　もう一つの顕著な相違は，移動元の位置に代名詞が残るかどうかです。(1a) では代名詞は残らず，(1b) では代名詞が残っています。この際の代名詞は弱形で [hɚ] のように発音されます。もちろんこの代名詞は文頭の Mary を指しているのであって，他の人を指すものではありません。

　文頭に現れる名詞句の機能としては，話題化の場合は焦点であり新情報です。(2) および (3) の例から，下線部が文脈に突然現れた新情報であることがわかります。一方，左方転移の場合は話題（topic）であり旧情報であることが大きく異なる点です。

(5) の下線が施された部分は，それより前に現れている破線部が示しているように，すでに文脈に導入された要素であり，旧情報であることがわかります。

さらに，wh 疑問文は新情報を求めるものですが，この wh 疑問文の応答として用いることができるのは話題化のほうで左方転移は用いることができないという事実があります。

(7) A: What can you tell me about Sally?
　　B: a. She kissed John.
　　　　b. John, she kissed.
　　　　c. *John, she kissed him.

(7) で (A) は Sally について何を話したかを尋ねており，新情報を求めています。この疑問文に対する答え方は，(Ba) のように答えるのは普通でしょうが，(Bb) のように話題化で答えることもできます。しかし，(Bc) のように左方転移で答えることはできません。これからわかることは (Bb) の文頭に現れているものは新情報であり，(Bc) の文頭に現れているものは旧情報であるということです。

過去の文法研究において，(7Bb) のような構文を話題化と呼んだため，主語より前に位置する要素が話題であるとする誤解が広がりました。(1a) や (7Bb) のような場合，文頭に移動した要素は話題ではなく焦点です。焦点は強勢を持つのでこのことから「強調」という意味が出てきて，文の形がよく似ているので左方転移も同じように見られ誤解が生じたのです。

焦点を明示する構文に分裂文 (Cleft Sentence) があります。いわゆる「it-that の強調構文」です。

(8) a. It is John that she kissed.
    b. *It is John that she kissed him.

(7A) の疑問文の応答には (8a) も可能です。この文における John の位置は焦点の位置と呼ばれています。この文で that は省略可能で，さらに It is の部分を省略すると話題化の文 (7Ba) と同じになります。話題化と分裂文はとてもよく似た文であると言えます。that の前の位置に出てくる要素は焦点ですから，(8b) のように kissed の後ろに代名詞を入れてしまうと，左方転移と同じ形になり，非文法的となります。

3. 二種類の話題化

今までのところでは，話題化は焦点・新情報を導入する構文で，左方転移は話題・旧情報を導入する表現であるとしてきました。ところが，どうも話題化という構文には二種類異なるものがあるようです。話題化には，文頭に現れる要素が焦点であるもの以外に，左方転移と同様に話題であるものもあるのです。この二種類の話題化を区別するために，焦点を文頭に置く話題化を焦点話題化 (Focus Topicalization) と呼び，文頭の名詞句が話題である話題化を話題話題化 (Topic Topicalization) と呼ぶことにします。以下のようになります。

(9)　話題化 {
　　焦点話題化：　JOHN he called.
　　　　　　　　　（新情報）

　　話題話題化：　John he CALLED.
　　　　　　　　　（旧情報）
}

いずれも話題化には違いないので，左方転移のように called の後ろに代名詞は現れていません。前者では文頭に現れている要素が新情報であり，文末の動詞(句)が旧情報となります。後者では文頭に現れる要素が旧情報であり，文末の動詞(句)が新情報となります。

このことは以下のような談話において検証されます。

(10) A: What can you tell me about John?

(Rodman (1974: 440))

　　B: John Mary kissed.
　　　　　　　　↑
　　　　　(New Information)

(10) においては，話者 A が about John というように John のことを話題に出しているので，話者 B にとって John は旧情報となり，文頭に現れている John は旧情報，話題であることになります。

(11) では，A の発話により John が話題になっているにもかかわらず，話者 B が John ではない Bill を話題にしているので，談話的に不適格な表現となります。

(11) A: What can you tell me about John?　　　　　(ibid.)

　　B: Nothing. *But Bill Mary kissed.
　　　　　　　　　　　↑
　　　　　　　　　(New Information)

音声的な特徴を示している例としては (12) のものがあります。

(12) A: What about John?

　　B: a.　John he CALLED.

　　　 b. *JOHN he called.　　　　　(Gundel (1974: 134))

話者 A は John を話題にしているので，John を旧情報の話題として文頭に置き，文末の動詞に強勢をおいた話題話題化の返答 Ba は適格です。一方，John が話題になっているにもかかわらず，John に強勢が置かれている返答 Bb は不適格です。

これに対して (13) のように，wh 疑問文で who が焦点化されている場合は，その応答として who に対応する名詞句 John を焦点にせず話題にしている (Ba) の話題話題化の応答は不適格ですが，John を焦点とし強勢を置いた焦点話題化の (Bb) の応答は適格です。

(13) A: Who did he call?

　　B: a. *John he CALLED.

　　　 b.　JOHN he called.　　　　　　　　　(ibid.)

このことは，Rizzi (1997) も Gundel と同様の分析を示して

います。

(14) a. Your book, you should give *t* to Paul (not to Bill).
    b. YOUR BOOK you should give *t* to Paul (not mine).
(Rizzi (1997: 285))

(14)の二つの文は単語の語順としてはまったく同じものです。しかし，(14a)では文頭の要素は話題であり旧情報です。文末の to Paul という前置詞句が to Bill との対照から明らかなように新情報になっており焦点になっています。一方，(14b)では，文頭の要素は話題ではなく焦点であり新情報です。このことは文末に not mine というように文頭の名詞句と対照されていることからも明らかです。

4. as-for 左方転移と話題話題化

左方転移と類似した機能を持つとされる構文に，(15a)のような，as for で導入される as-for 左方転移 (*As-for* Left Dislocation) というものがあります。

(15) a. As for George, I really like him.
    b. George, I really like him.

前置詞句 as for により話題が導入される構文であり，(15b)の左方転移と同様，主節内に話題を指す代名詞が現れています。

この *as-for* 左方転移は，as-for を伴わない左方転移と微妙な

差異を示すようです。

(16) a. I believe that this book, you should read.

(Lasnik and Saito (1992: 76))

b. *I believe that this book, you should read it. (ibid.: 77)

(17) a. *That as for Max, we can't stand him is obvious. (Baltin (1982: 21))

b. ?That Max we can't stand him is obvious.

(16) で見られるように，左方転移は埋め込み文で不可能であるという指摘があると同時に，(17) では *as-for* 左方転移のほうがより非文性が高いと指摘されています。

以上の点をまとめると以下の表のようにまとめることができます。

(18)

	例　文	文頭の名詞句	ポーズ	代名詞
焦点話題化	THE BOOK, I sent to Mary.	焦点・新情報	×	×
話題話題化	The book, I sent TO MARY.	話題・旧情報	○	×
左方転移	The book, I sent it TO MARY.	話題・旧情報	○	○

5. 右方転移

　左方転移は文中の右のほうにある要素が，文の先頭，つまり左方向に移動されて，元位置に代名詞を残して作られる構文なのなら，その逆の操作があってもいいはずです。事実そのような操作があるのです。右方転移（Right Dislocation）という構文です。(19) の例は代名詞が元位置に出てくる例で，(20) は代名詞すら出てこない例です。

(19) a. 'Who's there?' squawked the Fat Lady. Harry said nothing. He walked quickly down the corridor. Where should he go? He stopped, his heart racing, and thought. And then it came to him. The Restricted Section in the library. He'd be able to read as long as he liked, as long as it took to find out who Flamel was. He set off, drawing the Invisibility Cloak tight around him as he walked.　(HPPS, 222)
（「そこにいるのは誰なの？」太った婦人が素っ頓狂な声を上げた。ハリーは答えずに，急いで廊下を歩いた。どこに行こう？ハリーは立ち止まり，どきどきしながら考えた。そうだ。図書館の閲覧禁止の棚に行こう。好きなだけ，フラメルが誰かわかるまで調べられる。透明マントをピッチリと体に巻きつけながら，ハリーは図書館に向かって歩いた。）（松岡佑子訳『ハリー・ポッターと賢者の石』p. 300）

第 10 章 語順の変化　177

b. 'D'you think he meant you to do it?' said Ron. 'Sending you your father's Cloak and everything?' 'Well,' Hermione exploded, 'if he did—I mean to say—that's terrible—you could have been killed.' 'No, it isn't,' said Harry thoughtfully. <u>He's a funny man, Dumbledore</u>. I think he sort of wanted to give me a chance ....　　　　　　　　　　(HPPS, 324-325)

(「ダンブルドアは君がこんなことをするように仕向けたんだろうか？だって君のお父さんのマントを送ったりして」とロンが言った。「もしも ...」ハーマイオニーがカッとなって言った。「もしも，そんなことをしたんだったら ... 言わせてもらうわ ... ひどいじゃない。ハリーは殺されてたかもしれないのよ。」「ううん，そうじゃないさ」ハリーが考えをまとめながら答えた。「ダンブルドアって，おかしな人なんだ ...。」)
(松岡佑子訳『ハリー・ポッターと賢者の石』pp. 444-445)

(20) a. 'Who's that teacher talking to Professor Quirrell?' he asked Percy. 'Oh, you know Quirrell already, do you? No wonder he's looking so nervous, that's Professor Snape. He teaches Potions, but he doesn't want to—everyone knows he's after Quirrell's job. <u>Knows an awful lot about the Dark Arts, Snape</u>.' Harry watched Snape for a while but Snape didn't look at him again.　　　　　　　　　(HPPS, 138-139)

(「あそこでクィレル先生と話しているのはどなたですか」と

パーシーに聞いてみた。「おや、クィレル先鋭はもう知っているんだね。あれはスネイプ先生だ。どうりでクィレル先生がオドオドしているわけだ。スネイプ先生は魔法薬学を教えているんだが、本当はその学科は教えたくないらしい。クィレルの席をねらっているって、みんな知っているよ。闇の魔術にすごく詳しいんだ、スネイプって。」ハリーはスネイプをしばらく見ていたが、スネイプは二度とハリーの方を見なかった。)（松岡佑子訳『ハリー・ポッターと賢者の石』pp. 187-188)

b. Percy: Oh, look, it's our Hogwarts letters. They've sent us Harry's as well.

Arthur: Dumbledore must know you're here. <u>Doesn't miss a trick, that man</u>.

(パーシー： ホグワーツからの手紙だ。ハリーにも来てる。

アーサー： ダンブルドアは君が来ているとお見通しのようだな)

(*Harry Potter and the Chamber of Secrets*『ハリー・ポッターと秘密の部屋』)

あとがき

　言語という身近ではあるが神秘の世界のドアから一歩踏み出してもらいました。単純で素朴な疑問は，言語というあまりにも身近な存在が驚異の problem と mystery からなっていることを教えてくれます。

　母語は母語話者であれば誰もが無意識にとても簡単に使うことができます。しかし，誰もが無意識にとても簡単に使えるからといって，それが簡単だということにはなりません。電話やテレビなど，ほとんど誰もが簡単に使えるものです。でも，そのメカニズムを知っている人はほとんどいません。言語も，使えることとそれを知っていることとは違うのです。

　第1章では文頭にある目に見えない補文標識の部分がどのような特質を持っているかで疑問文がどのように生まれるかを見ました。第2章では，この補文標識が目に見える状態になった時，どのような構文が生まれるのかを考えてみました。第3章では動詞が持つ項構造とその具現化が，数多くの構文を生み出す様を観察しました。第4章では，名詞句が元あった位置から別の位置に移動する理由，第5章では句の構造，第6章では代名詞の特性，第7章では痕跡というモノの存在を議論しました。第8章では言語の分析には多階層分析という考え方が有効であること，第9章では時制と相というものを考え，第10章では話題化

と転移現象を考察しました。

　これ以外にも数多くの言語現象があり，言語が変わると，またその言語特有の異なった言語現象があります。英語のみならず，母語である日本語，他の言語を幅広く考察することが人間言語の神秘を解き明かしてくれて，人間の本質につながる道を示してくれることになるのです。言語の神秘に向かってさらなる一歩を踏み出してください。

参考文献

Akmajian, A. and F. Heny (1975) *An Introduction to the Principles of Transformational Syntax*, MIT Press, Cambridge, MA.

Akmajian, A., R. Demers, A. Farmer and R. Harnish (1995) *Linguistics: An Introduction to Language and Communication*, 4th ed., MIT Press, Cambridge, MA.

Baltin, M. (1982) "A Landing Site Theory of Movement Rules," *Linguistic Inquiry* 13, 1-38.

Cazden, C. (1972) *Child Language and Education*, Holt, Rineheart and Winston, New York.

Chomsky, N. (1972) *Studies on Semantics in Generative Grammar*, Mouton, The Hague.

Chomsky, N. (1973) "Conditions on Transformations," *A Festschrift for Morris Halle*, ed. by S. Anderson and P. Kiparsky, 232-286, Holt, Rinehart and Winston, New York.

Chomsky, N. (1993) "A Minimalist Program for Linguistic Theory," *The View from Building 20: Essays in Linguistics in Honor of Sylvain Bromberger*, ed. by K. Hale and S. J. Keyser, 1-52, MIT Press, Cambridge, MA.

Chomsky, N. (1995) *The Minimalist Program*, MIT Press, Cambridge, MA.

Chung, S. (1998) *The Design of Agreement: Evidence from Chamorro*, University of Chicago Press, Chicago.

George, L. (1980) *Analogical Generalization in Natural Language Syntax*, Doctoral dissertation, MIT.

Gundel, J. (1974) *Role of Topic and Comment in Linguistic Theory*, Doctoral dissertation, University of Texas at Austin.

Henry, A. (1995) *Belfast English and Standard English: Dialect Varia-*

tion and Parameter Setting, Oxford University Press, Oxford.

Hornstein, N. (1995) *Logical Form: From GB to Minimalism*, Blackwell, Oxford.

Hernández, N., D. Kolbe and M. Schulz (2011) *A Comparative Grammar of British English Dialects: Modals, Pronouns and Complement Clauses*, De Gruyter Mouton, Berlin.

Lasnik, H. (2003) *Minimalist Investigations in Linguistic Theory*, Routledge, New York.

Lasnik, H. and M. Saito (1992) *Move a: Conditions on Its Application and Output*, MIT Press, Cambridge, MA.

Moltmann, F. (1989) "Nominal and Clausal Event Predicates," *CLS* 25:1, 300–314.

Pollock, J.-Y. (1989) "Verb Movement, Universal Grammar and the Structure of IP," *Linguistic Inquiry* 20, 365–424.

Radford, A. (1988) *Transformational Grammar: A First Course*, Cambridge University Press, Cambridge.

Radford, A. (2004) *English Syntax: An Introduction*, Cambridge University Press, Cambridge.

Rizzi, L. (1997) "The Fine Structure of the Left Periphery," *Elements of Grammar: Handbook of Generative Syntax*, ed. by Liliane Haegeman, 281–337, Kluwer, Dordrecht.

Rodman, R. (1974) "On Left Dislocation," *Papers in Linguistics* 7, 437–466.

Russell, B. (1948) *Human Knowledge: Its Scope and Limits*, Simon & Schuster, New York.

Traugott, E. C. (1972) *A History of English Syntax: A Transformational Approach to the History of English Sentence Structure*, Holt, Rinehart and Winston, New York.

索　引

1. 日本語はあいうえお順で示し，英語（で始まるもの）はABC順で最後に一括してある。
2. 〜は見出し語を代用する。
3. 数字はページ数を示す。

[あ行]

アメリカ英語　67, 106
イギリス英語　67, 106
イタリア語　55, 101, 102
一時性　152
一致　20, 144-146, 159
一般疑問文　3
意味拡張　47, 48, 52, 57-59
意味役割　39, 40, 44, 45, 62, 63, 129-136, 147, 149, 150
インドヨーロッパ祖語　142
右枝節点上昇　26
右方転移　176
エストニア語のQマーク　8

[か行]

外項　40, 53, 55, 57, 71
外項化　57
書き換え操作　70
格　50, 64, 66, 71, 72, 74, 87, 92, 95, 103, 104, 129, 131
核強勢規則　99, 116
仮主語の it　58, 71, 72
関係代名詞　28
関西方言　24
感情アクセント　100
間接疑問文　8, 10, 18, 19, 33
願望動詞　31
完了句　89
完了相　146
気候の it　73
疑似空所化　83, 123
疑似受動態　66
疑似分裂文　25
寄生空所　123
機能語　163
疑問文のマーク　4, 6, 7, 11
旧情報　99, 103, 169-175

183

強形　100, 103, 104, 116, 117, 121, 123
強変化動詞　139-141
虚辞の it　55, 58
虚辞の of　104
近代英語　54, 57, 149
句　76
空所化　26, 122, 123
具現化　47, 49-51
句動詞　85, 102
言語獲得　6, 7, 125, 139-145
ゲルマン民族の大移動　43
現代英語　4-6, 15, 28, 30, 32, 54, 57, 141, 142, 158, 159, 164
項構造　39
構成素　30
古英語　4, 5, 15, 28, 56, 57, 148, 149, 158, 159
コピー　119
固有の格　68
痕跡　115

[さ行]

削除　119
左方転移　167, 170, 172, 174
三単現の s　14, 144
事象 event　44, 45
時制　19, 64, 87, 88, 139, 143, 144
時制文　20
指定部　80, 81
視点　45
指標　44

弱形　84, 101, 115
弱形代名詞　102-105
弱変化動詞　139, 145
主格　64
主語一致　159
主語助動詞倒置　3, 105
従属構造　20
縮約　115
受動態　62
受動分詞　66
主要部　78
状態　41, 74, 152
情報構造　103
焦点　25, 169, 171
焦点話題化　171
叙実節　22
助動詞 do　6, 15
新情報　103, 169, 170
真空所　124
進行相　146
深層構造　119, 132
心理的な場所　49, 51, 148, 160
スペイン語　55, 66
生物名詞制約　70
接辞化　101
ゼロ外項　53, 55, 57
前提　25
相　146
存在文　73
存在文の there　105

[た行]

対格　64, 72, 129
多階層分析　119, 128, 129, 132
第一強勢　99
第3文型　39
代名詞　98
代名詞句　98
代用表現　98
知覚の方策　70
中英語　5, 28, 56
中間動詞　130
抽象化　48
定冠詞　80
ドイツ語　15, 23, 24, 43, 55, 56, 73, 108, 120, 158, 159
動詞句削除　120
動詞句副詞　88
同一指示　44
倒置　166
　　仮定法の〜　10
　　間接疑問文中の〜　9
同族目的語構文　133

[な行]

内項　40
内容語　163
二重目的構文　42, 67, 68
日本語の「か」　4
日本語の疑問文　3
能格動詞　129
能動受動態　130
能動態　62
ノルマンの征服　43

[は行]

比較下位削除　84
比較級　84
非叙実節　22
非対格動詞　131
否定辞上昇　23
非人称構文　54, 56
非人称動詞　55
非人称の it　55
非能格動詞　132
表層構造　119
付加部　69, 85, 86
不定冠詞　80
不定詞文　20
部分集合　80
不変化詞　102
フランス語　24, 55, 159
文境界　74
文型　46
文副詞　88
文法化　150
分裂文　171
並列構造　20
ペルシャ語の Q マーク　8
変形生成文法　119
補部　18, 78, 79
補文　18
補文標識　18
補文標識 for　29, 31

法助動詞　164
法助動詞句　89
本動詞（倒置）　6

[ま行]

ミニマリストアプローチ　119
目的格　64, 68
目的語一致　159

[や行]

様態副詞　135
与格構文　41, 43, 69

[ら行]

ラトビア語のQマーク　7
ルーン文字　28, 145
例外的格付与　74

[わ行]

話題　169
話題化　27, 77, 167
話題話題化　171

[英語]

Agent（行為者）　39
as（that のかわり）　36
as-for 左方転移　174
be 縮約　115
be 動詞　141
Belfast English　9, 32
Canterbury Tales　32, 56
Chaucer　32, 56
come（倒置）　14
either　33
Event Time　161
Experiencer（経験者）　40
FRED　36
Goal（到着点）　42
Goal　45
HAVE　42
How come?　16
if　9, 10
it-that の強調構文　85, 171
Location（場所）　39
methinks　53
Middle English (ME)　5
Modern English (ModE)　54
Old English (OE)　4
Ottawa Valley English　33
Ozark English　33
PRO　124
Patient（被害者）　44
Present-day English (PE)　4
Q　4
Qマークの is　6
Qマークの whether　9
Qマークの助動詞コピー　7
Recipient（受領者）　42
Reference Time　161
Russell　15
Source（源泉）　45

Speech Time　161
Tallboy Caps　100
Theme（移動物）　39
there 構文　73, 132
thorn　28

wanna 縮約　117
whether　4
wh 移動　116
wh 疑問文　69
X バー理論　82

小野　隆啓　（おの　たかひろ）

　1954年三重県津市（旧一志郡香良洲町）生まれ。京都外国語大学大学院，San Francisco State University 大学院修了。修士（文学），Master of Arts。マサチューセッツ工科大学言語学・哲学科にて Visiting Scholar として研究に従事。現在，京都外国語大学外国語学部英米語学科教授，京都外国語大学大学院研究科長。日本英語学会評議員。

　専門は，生成文法理論。NHK ETV 8 文化ジャーナル「チョムスキー氏に聞く」（1988年11月18日ＮＨＫ教育テレビ）において1988年度京都賞を受賞した Noam Chomsky 教授のインタビューと解説。著書には『英語の輪郭：原理変数理論解説』（英潮社，1991），『生成文法用語辞典』（大修館書店，1993），『英語の構造』（金星堂，2004）など。特色GP：特色ある大学教育支援プログラム2006年度選定「ティームティーチングによる二言語同時学習」，文部科学省科学研究費（科学研究費補助金（基盤研究（C））「マルチリンガルCALL におけるティームティーチングと教材作成に関する実証的研究」取得など。

英語の素朴な疑問から本質へ
——文法を作る文法——　　　　　　　　　　　　　　　　　＜開拓社　言語・文化選書 55＞

2015年10月21日　第1版第1刷発行

著作者　　小 野 隆 啓
発行者　　武 村 哲 司
印刷所　　日之出印刷株式会社

発行所　　株式会社　開 拓 社	〒113-0023　東京都文京区向丘 1-5-2 電話　（03）5842-8900（代表） 振替　00160-8-39587 http://www.kaitakusha.co.jp

---

ⓒ 2015 Takahiro Ono　　　　　　　　　　　　　ISBN978-4-7589-2555-6　C1382

JCOPY　＜(社)出版者著作権管理機構　委託出版物＞

本書の無断複写は著作権法上での例外を除き禁じられています。複写される場合は，そのつど事前に，(社)出版者著作権管理機構（電話 03-3513-6969，FAX 03-3513-6979，e-mail: info@jcopy.or.jp）の許諾を得てください。